Dieses Buch ist der unveränderte Reprint
einer älteren Ausgabe.

Erschienen bei KiWi Bibliothek
© Verlag Kiepenheuer & Witsch, Köln 2016

Umschlaggestaltung Rudolf Linn, Köln

Printed in Germany
ISBN 978-3-462-40009-0

Weiterführende Informationen finden Sie unter
www.kiwi-verlag.de

KiWi 209

Über das Buch

Am Ende des Zweiten Weltkrieges waren rund 12 Millionen Menschen auf der Flucht aus dem deutschen Osten. Sie flohen aus Angst vor der nach Westen rückenden russischen Armee, und sie wurden vertrieben – in Polen aufgrund der Grenzverschiebung, in der Tschechoslowakei als Konsequenz eines gescheiterten Zusammenlebens zweier Völker und bitterer historischer Erfahrung.
Von 1945 bis 1947 mußten rund drei Millionen Deutsche ihre Heimat in der Tschechoslowakei verlassen. Davon waren rund eine halbe Million Jugendliche und Kinder. Von ihren Erfahrungen berichtet dieses Buch.
In 15 Interviews befragt die Tschechin Alena Wagnerová, Jahrgang 1936, Deutsche nach ihren Erinnerungen an diese Zeit. Dabei geht es ihr nicht um eine Rekapitulation von Greueltaten, sondern um die Frage: Welche Spuren haben Flucht und Vertreibung in der Biographie dieser damals so jungen Menschen hinterlassen?
Viele der Interviewten sprechen zum erstenmal darüber. In der unmittelbaren Nachkriegszeit, als eine Verarbeitung ihrer traumatischen Erfahrungen nötig gewesen wäre, standen die von Deutschen in ganz Europa verübten Verbrechen im Vordergrund. Das von ihnen erfahrene Leid erschien daran gemessen gering, vielfach auch gerechtfertigt. Eltern und Erzieher waren überfordert, schwiegen oder vertraten ideologische Positionen, die sich gegen die Vertreiberländer richteten. Das war leicht, denn sie gehörten zu den Feinden im Kalten Krieg.
Bei den Heranwachsenden blieben seelische Verletzungen, ein unbewußtes Gefühl der Heimatlosigkeit, Sehnsucht nach dem Ort ihrer Herkunft und ihrer Geschichte. Dieser Verlust an Identität wirkt bis heute auch bei denen nach, die scheinbar integriert in der »neuen Heimat« Karriere machten und im Wohlstand leben.

Die Autorin

Alena Wagnerová, geboren 1936 in Brünn (ČSSR), studierte Biologie, Pädagogik und Theaterwissenschaft, arbeitete auf der Fakultät für Veterinärmedizin, war Theaterdramaturgin. Seit 1966 freie Publizistin und Schriftstellerin in Prag; seit 1969 in Saarbrücken.
Veröffentlichungen: Neohlížej se, zkameníš (Schaue nicht zurück, du wirst zu Stein, 1968); Frau im Sozialismus – Beispiel ČSSR (1974); Mutter – Kind – Beruf (1976); Wir adoptieren ein Kind (1980); Scheiden aus der Ehe (1982); Die Doppelkapelle (1982)

Alena Wagnerová

1945 WAREN SIE KINDER

Flucht und Vertreibung
im Leben einer Generation

Mit einem Vorwort
von Peter Glotz

Kiepenheuer & Witsch

© 1990 by Verlag Kiepenheuer & Witsch, Köln,
Alle Rechte vorbehalten. Kein Teil des Werkes darf in irgendeiner Form
(durch Fotografie, Mikrofilm oder ein anderes Verfahren) ohne schriftliche
Genehmigung des Verlages reproduziert oder unter Verwendung
elektronischer Systeme verarbeitet, vervielfältigt oder verbreitet werden
Umschlag Manfred Schulz, Köln
Satz Froitzheim, Bonn
Druck und Bindearbeiten Clausen & Bosse, Leck
ISBN 3 462 02022 6

Inhalt

Vorwort von Peter Glotz   9

Einleitung   15

Meine Heimat interessiert mich nicht
Der Hohenstädter (geboren 1940)   24

Ich wußte nicht, daß Libuše und Milan keine deutschen Namen sind
Die Troppauerin (geboren 1931)   34

Ty jsi Němec – Du bist halt ein Deutscher
Der Warnsdorfer (geboren 1936)   43

Hier gehörst du nicht hin, zurück kannst du nicht
Die Budweiserin I (geboren 1940)   53

Die Religion war unsere Heimat
Der Schmiedshauer (geboren 1934)   63

Für uns war die Umsiedlung eine Chance
Die Oppelnerin (geboren 1928)   70

Der Tonfall kommt aus den Trümmern zurück
Der Egerländer (geboren 1939)   79

Ein drittes Mal Wurzeln schlagen kann ich nicht
Die Reichenbergerin (geboren 1938)   89

Es war keine falsche Entscheidung, die Deutschen umzusiedeln
Der Bodenbacher (geboren 1940)   96

1945 ist mein Vater Nazi geworden
Die Budweiserin II (geboren 1940) 102

Die Vertreibung hat weder den Vertreibern noch dem Land gut getan
Der Friedländer (geboren 1928) 110

Mit den Tschechen verbindet uns viel
Die Trautenauerin (geboren 1939) 116

Die Versöhnung beginnt mit dem Nachdenken über das Unrecht
Der Kleinherlitzer (geboren 1931) 123

Mein deutscher Vater optierte für den Slowakischen Staat
Der Zipser (geboren 1936) 134

Die Fähigkeit zu trauern
Der (Sudeten)deutsche (geboren 1952) 144

Deutsche und Tschechen
Stationen einer schwierigen Beziehung 151

Literaturhinweise 155

Vorwort
von Peter Glotz

Dieses Buch erscheint zur rechten Zeit. Es weist auf die menschliche Problematik und die politische Fehlerhaftigkeit eines scheinbaren Patentrezeptes hin: der Vertreibung ganzer Volksgruppen – und zwar in einer Zeit, in der dieses Konzept wieder modern zu werden scheint, in der jedenfalls die Ursache für Vertreibungen, Zwangsassimilation, »Umvolkung« und Bevölkerungstransfer wieder aufblüht – der Nationalismus. Alena Wagnerovás Interviews wären ein willkommener Anlaß, darüber nachzudenken, wie man die schrecklichen Fehler der europäischen Politik des neunzehnten und zwanzigsten Jahrhunderts im einundzwanzigsten Jahrhundert vermeiden könnte.
Ich sage: Sie wären es. Ich fürchte: Sie werden es nicht sein. Denn die Gefahr ist groß, daß aus dem Zerfall der Nachkriegsordnung von Jalta die alte Welt des europäischen Nationalismus wieder aufsteigt.
Man blicke nach Jugoslawien, auf die Konflikte zwischen Serben und Albanern im Kosovo, aber auch insgesamt auf den drohenden Zerfall des jugoslawischen Vielvölkerstaats. Man analysiere die neueste »Vertreibung« – die halb erzwungene, halb »freiwillige« Flucht von (bisher) rund 300 000 Pomaken aus Bulgarien. Sie fliehen vor einer unbarmherzigen Bulgarisierung der muslimisch-türkischen Minderheit. Man sehe sich die Zwangsassimilation von Ungarn in einer bestimmten Ecke Rumäniens an, man blicke auf den auch durch vierzig Jahre Marxismus-Leninismus nicht ausgerotteten Nationalismus in Ungarn und Polen, und man vergesse auch den deutschen Nationalismus nicht, der wieder den Kopf hebt: Fremdenfeindlichkeit im Innern, wirre Nationalstaatsideen nach außen. Die bedeutenden katholi-

schen Publizisten Eugen Kogon und Walter Dirks haben im Jahr 1947 gesagt: »Die Nationalisten aber, sollten sie noch einmal siegen, obschon sie doch gräßlich verloren und an allen europäischen Fronten ihre Unfähigkeit zu wahrer Ordnung bewiesen haben, sie werden nichts anderes erreichen als Sklaverei oder Untergang, was uns, die wir Frieden, Sicherheit *und* Freiheit erstreben, beinahe das Gleiche bedeutet.« Kogon und Dirks hatten recht; aber die Gefahr ist groß, daß auch die dunkle Prophezeiung, die in ihrem Satz steckt, verspätet in Erfüllung geht.
In dieser selbstverschuldeten europäischen Not oder Krise sind die Interviews von Alena Wagnerová ein Lichtblick. Eine tschechische Autorin läßt deutsche Flüchtlinge zu Wort kommen und zeigt auf, wohin die Vertreibung geführt hat: dazu, daß Menschen »nicht ortsgebunden« sind, daß sie also keine unbezweifelbare Identität haben, dazu, daß sie sagen, »mir ist, als hätte ich keine Jugend gehabt«, oder daß sie »zweite Wurzeln« schlagen müssen. Oft genug ist es schwer bis unmöglich, solche Wurzeln wirklich tief in einen neuen Boden zu treiben. Die alte Heimat ist fern, »ein merkwürdig gemischtes Gebilde«, ein Land, in dem »die Hunde begraben liegen, mit denen sich unbequem lebt« – aber auch die neue Heimat bleibt seltsam unwirklich. Auch wer vom unmittelbaren Leid der Vertreibung selbst absieht, von der Brutalität und den Verbrechen, die mit der Massenumsiedlung von Menschen offenbar immer verbunden sind, muß zur Kenntnis nehmen, daß die Vertriebenen selbst in der zweiten Generation noch schwere Identitätsprobleme haben. Ein nach Bayern vertriebener Sudetendeutscher ist noch lange kein Bayer, weder in den Augen der Bayern noch in seinen eigenen. Und Leute ohne Identität sind durchaus ein Problem oder können jedenfalls zum Problem werden. An dem Tag, an dem die Gratifikationen des Wohlstands geringer würden oder sogar verschwänden, würde das deut-

lich werden – gerade in einem reichen Land wie der ökonomisch so schnell wieder aufgestiegenen Bundesrepublik Deutschland.
Kein Zweifel, daß manche der Autorin »Verrat an der tschechischen Sache« vorwerfen werden. Davon kann keine Rede sein. Nur eine vorurteilsfreie Erörterung des »odsun«, des »Abschubs« kann die Beziehung zwischen Tschechen und Deutschen auf eine neue, vernünftige Basis stellen. Dazu gehört allerdings zweierlei: die klare, unmißverständliche, unwiderrufliche Erklärung der Deutschen, daß sie die heute existierenden Grenzen der Tschechoslowakei ohne Wenn und Aber anerkennen. Und auf der anderen Seite eine neue Haltung gegenüber der Vertreibung bei den Tschechen; wobei es nicht so sehr um ein Schuldbekenntnis nach hinten als um eine Erkenntnis nach vorn geht, um die Erkenntnis nämlich, daß der Nationalismus der falsche Weg war und daß unterschiedliche Völker lernen müssen, miteinander auf dem gleichen Stück Erde friedlich und vernünftig zu leben.
Dabei würde eine gegenseitige Aufrechnung keinen Schritt weiterführen. Ein Deutscher, der versuchen wollte, die gräßlichen Verbrechen der Deutschen – besonders in der Nazizeit – gegen die Brutalitäten und Morde im Zuge der Vertreibung aufzurechnen, würde sich noch einmal versündigen. Es geht nicht um Aufrechnung – und auch nicht um rückwärts gewandte historische Spekulation. Worüber könnte man da nicht alles spekulieren: zum Beispiel über die Frage, warum sich der bedeutende tschechische Kommunist Bohumír Šmeral, der 1918 zwar die Habsburger verjagen, aber den Vielvölkerstaat erhalten wollte, gegen den Nationalismus von Masaryk, Beneš (und vielen seiner Genossen) nicht durchsetzen konnte. Warum die erste tschechische Republik keinen vernünftigen Ausgleich zwischen ihrer multinationalen Struktur und dem nationalstaatlichen Anspruch ihrer Gründer fand. Warum der sudetendeutsche »Aktivismus«, also

die die Tschechoslowakei bejahende Grundhaltung einer Reihe von sudetendeutschen Parteien in den zwanziger und frühen dreißiger Jahren sich gegen den »Negativismus«, die prinzipielle Ablehnung des tschechoslowakischen Staates nicht durchsetzen konnte und warum die tschechischen und die deutschen Antifaschisten nicht einmal in ihrem Kampf gegen Hitler zu einem gemeinsamen Zukunftskonzept fanden. Es ist müßig, herausfinden zu wollen, wo da – angefangen beim Aufkeimen nationalistischer Leidenschaften um die Mitte des neunzehnten Jahrhunderts – die größere »Schuld« lag. Das einzige, was nicht müßig ist, ist die Orientierung auf die Zukunft.
Wer in der Zukunft nicht die gleichen Fehler machen will, die die europäischen Völker in der Vergangenheit gemacht haben, muß allerdings erkennen, daß die »nationale Purifizierung« ein schrecklicher Irrweg war. Das gilt für den Germanisierungswahn der Nationalsozialisten, das gilt aber auch für das Streben nach »ethnischer Reinheit« bei anderen Völkern. Der Irrtum, daß die Vertreibung ganzer Volksgruppen ein praktikables, »rationales« Mittel zur Lösung von Problemen sei, war ja weit verbreitet. Churchill erklärte zum Beispiel im britischen Unterhaus im Dezember 1944: »Denn die Vertreibung ist, soweit wir in der Lage sind, es zu überschauen, das befriedigendste und dauerhafteste Mittel. Es wird keine Mischung der Bevölkerung geben, wodurch endlose Unannehmlichkeiten entstehen, zum Beispiel im Fall Elsaß-Lothringen. Reiner Tisch wird gemacht werden«. »With the benefit of hindsight«, also im Nachhinein kann man sagen: Churchills »reiner Tisch« war sehr befleckt. Ein vereintes Europa kann nur entstehen, wenn die Menschen Vermischung ertragen lernen. Wer das nicht begreift, sollte nie wieder das Wort Europa in den Mund nehmen.
Hier sind wir beim Kern des Problems. Die Vorstellung, daß die ideale Strukturierung der Menschheit darin zu bestehen

hätte, daß eine jede Nation ihren eigenen Staat haben müsse, hat sich in Mitteleuropa als falsch erwiesen. Die Menschheit läßt sich nicht fein säuberlich, wie auf einem Schachbrett, in Nationen aufgliedern. Die Menschen leben nebeneinander, miteinander, übereinander, und sie vermischen sich sogar. Wie viele Menschen sind allein im zwanzigsten Jahrhundert umgesiedelt, rückgesiedelt, vertrieben, »umgevolkt«, verschleppt oder eingedeutscht worden; nach dem Zweiten Weltkrieg allein zwanzig Millionen in Europa: Polen, Tschechen, Slowaken, Ukrainer, Weißrussen, Litauer, Ungarn und vierzehn Millionen Deutsche. Es muß endlich und endgültig Schluß damit sein.
Die heute notwendige Erkenntnis lautet: Die Nationalstaaten sind als Gefäße der Politik nicht mehr brauchbar. Selbst große, traditionsreiche Nationalstaaten – zum Beispiel Frankreich – können sich allein nicht mehr verteidigen, können allein ihre ökonomischen Probleme (zum Beispiel die Konkurrenz zu den Vereinigten Staaten oder Japan) und ihre Umweltprobleme nicht mehr lösen. Was notwendig ist, ist die Entwicklung supranationaler Strukturen; und gleichzeitig die rigorose Etablierung von Minderheiten- und Volksgruppenrechten. Ein jedes Volk, und sei es noch so klein, hat das Recht auf seine Sprache, seine Kultur, seine Geschichte, seine Literatur. Aber nur unter günstigsten Umständen wird man aus diesem Anspruch auch den Anspruch auf einen eigenen Staat ableiten können. Ob das die Europäer begreifen? Die Deutschen, die Tschechen, die Slowaken, die Ukrainer, die Polen, die Litauer, die Esten, die Letten? Diese Frage ist überwältigend unbeantwortbar.
Die Hoffnung, die Alena Wagnerovás Buch auslöst, ist die Hoffnung, daß es in Mitteleuropa nie wieder Vertreibungen geben wird. Wer die Welt, wie sie ist, auf sich wirken läßt, muß befürchten, daß diese Hoffnung nicht in Erfüllung geht. Aber es ist auch ein großes Verdienst, gezeigt zu ha-

ben, was die Europäer hoffen könnten, wenn sie vernünftig wären.

Danksagung

Die Hauptakteure in diesem Buch sind meine Gesprächspartner. Ihnen gebührt an erster Stelle mein Dank für ihre Bereitschaft, mit mir über ihr Leben zu sprechen und die oft traumatischen Erlebnisse ihrer Kindheit wieder ins Gedächtnis zu rufen. Ausdrücklich schließt mein Dank auch diejenigen ein, deren Beiträge nicht mehr aufgenommen werden konnten. Auch sie trugen zum Zustandekommen dieses Buches bei. Herrn Dr. Peter Glotz möchte ich für die Freundlichkeit danken, mit der er die Aufgabe übernahm, das Vorwort zu schreiben. Nicht unerwähnt soll in dieser Danksagung auch Frau Erika Stegmann, die Lektorin des Verlages Kiepenheuer und Witsch, bleiben. Ihr habe ich sowohl für die Anregung, dieses Thema zu ergreifen, als auch für die wache und kritische Begleitung der Arbeit an dem Manuskript zu danken.

Alena Wagnerová

Einleitung

Die Vertreibung oder Zwangsaussiedlung der deutschen Bevölkerung aus Ostmitteleuropa liegt inzwischen mehr als vierzig Jahre zurück. Diejenigen, welche diesen Bevölkerungstransfer für Europa unvorstellbaren Ausmaßes als Erwachsene erlebten, haben inzwischen das Rentenalter erreicht. Auch ihre Kinder sind schon längst erwachsen; die Zahl derer, für die die Vertreibung nur ein historisches Faktum ist, wird von Jahr zu Jahr größer. Die Folgen des Generationswechsels bekommen auch die Landsmannschaften zu spüren. Die Integration der etwa 14 Millionen Deutschen, die infolge des Zweiten Weltkrieges ihre Heimat verloren haben – jeder Fünfte Bundesbürger ist ein Vertriebener –, gilt als abgeschlossen.
Global gesehen, trifft dies sicherlich zu. Wie aber ist es im Leben des einzelnen? Welche Spuren hat die Vertreibung in seiner Biographie hinterlassen? Bei den Angehörigen der älteren Generationen sind diese Spuren meistens deutlich sichtbar. Sie stellen einen mehr oder weniger tiefen Einschnitt im Leben dar. Bei den Angehörigen der jüngeren Generation, der heute etwa Fünfundvierzig- bis Fünfundfünfzigjährigen, die noch drüben geboren wurden und als Kinder in eine der damaligen Besatzungszonen oder nach Österreich kamen, sind sie in die tieferen Schichten des Bewußtseins abgesunken. Sie sind unsichtbarer, subtiler, wurden kaum je thematisiert.
Den Spuren der Vertreibung in den Biographien dieser Generation nachzugehen, ist das Anliegen dieses Buches. Was bedeutete das gewaltsame Herausreißen aus der gewohnten Umgebung für ihren weiteren Lebenslauf, für ihr Handeln und Verhalten? Welche Rolle spielten dabei die Umstände,

unter denen es geschah, die Haltung der Eltern, das Aufnahmeland? Welches Echo hinterließ im Bewußtsein dieser Kinder die verlorene Heimat? Im Unterschied zu den vielen Dokumentar- und Erinnerungsbüchern zu diesem Thema steht hier also weder die Vertreibung noch die Kindheit »davor« im Zentrum der Aufmerksamkeit, sondern die Zeit »danach«, die Bewältigung oder Verdrängung dieser Zäsur in der Biographie. In 15 Interviews werden die Antworten auf diese Fragen gesucht, eine Art Bestandsaufnahme der Auswirkungen einer politischen Entscheidung auf das Leben des einzelnen versucht. Das individuelle Schicksal des Menschen steht hier also im Zentrum der Aufmerksamkeit. Insofern stellen diese Aussagen auch keinen Anspruch auf Repräsentativität.

Den Schwerpunkt des vorliegenden Buches bilden Gespräche mit den aus Böhmen und Mähren stammenden Deutschen der Jahrgänge 1930–1940, die heute in einem der beiden deutschen Staaten leben. Die hier angesprochenen Männer und Frauen vertreten eine Gruppe von ungefähr 450 000 Personen. So hoch läßt sich aufgrund der verfügbaren Angaben[*] die Zahl der in diesen Jahren geborenen Sudetendeutschen schätzen.

Ursprünglich sollten in diesem Zusammenhang gleichgewichtig auch die Vertriebenen aus Schlesien berücksichtigt werden. Dafür sprach die Zugehörigkeit Schlesiens zum gleichen Kulturkreis, seine starke Prägung durch den österreichischen Einfluß. Bei der konkreten Arbeit zeigte sich aber bald, daß die Problematik der Flüchtlinge, Vertriebenen und Spätaussiedler aus Schlesien doch etwas anders gelagert ist. Haben die Schlesier ihre Heimat infolge der Grenzver-

---

[*] Alfred Bohmann: Das Sudetendeutschtum in Zahlen, München 1959; insbesondere S. 196–236. Kinder und Heranwachsende dieser Jahrgänge bildeten etwa 13–15 % unter den insgesamt über 3 Millionen aus der ČSSR vertriebenen Deutschen.

schiebung nach dem Zweiten Weltkrieg verloren, so ist die Zwangsaussiedlung der Sudetendeutschen aus Böhmen und Mähren das äußere Zeichen des Scheiterns des Zusammenlebens zweier Nationen, die, bevor der Nationalismus sie trennte, in einer mehr oder weniger friedlichen Koexistenz jahrhundertelang den gleichen Lebensraum teilten. Diese Komponente, die sowohl bei Schlesiern als auch den Karpatendeutschen aus der Slowakei weitgehend fehlt oder nur ansatzweise vorhanden ist, gibt der Vertreibung der Sudetendeutschen aus der Tschechoslowakei einen besonders bitteren Nachgeschmack. Die Verletzungen und Frustrationen liegen hier tiefer, sowohl auf der deutschen als auch auf der tschechischen Seite. Gerade deswegen schien es auch geboten, die Gespräche mit den Sudetendeutschen in den Mittelpunkt des Buches zu stellen.

Dennoch soll in zwei Interviews mit den Schlesiern, einem Niederschlesier und einer Oberschlesierin, an die stärkste Gruppe unter den Vertriebenen erinnert werden.

Ergänzt wird die Aussage des Buches durch zwei Gespräche mit den Vertretern der deutschen Minderheit aus der Slowakei. In der etwa 150 000 Personen* zählenden Volksgruppe der Karpatendeutschen gehören dieser Generation etwa 20 000 Menschen an.

Wesentlich für die Konzeption des vorliegenden Buches ist, daß sich hier als Gesprächspartner zum erstenmal in dieser Form Landsleute und Generationsgenossen begegnen: die Angehörigen der zweiten Generation der Vertriebenen mit der Autorin, die als Tschechin sozusagen der zweiten Generation der »Vertreiber« angehört. Damit bekommt diese Arbeit eine politische Dimension. Wer hier ins Gespräch kommt, sind die Nachfahren der einstigen »Böhmen deut-

---

* Angabe: Karpatendeutsche Landsmannschaft Slowakei e. V. Vergl. auch A. Bohmann: Das Sudetendeutschtum in Zahlen, S. 13.

scher und slawischer Stimme«*, die im Laufe des 19. Jahrhunderts zu den um die Hegemonie im Lande kämpfenden Tschechen und Deutschen wurden. Indem nun diese Nachkommen über ihr eigenes Leben nachdenken, sichten sie gleichzeitig auch die unsägliche Hinterlassenschaft der Generation ihrer Eltern und Großeltern. »Das deutsche Volk in Böhmen möge entscheiden, ob es slawisch werden oder ob es, seiner Bestimmung gemäß, germanisieren will«**, hieß es auf deutscher Seite zu Beginn dieses Jahrhunderts. »Wird Böhmen nicht tschechisch, müssen wir untergehen«***, konterte ein tschechischer Dichter etwas später. Mit solchen extremen Parolen, die sicherlich auch damals nicht alle Tschechen und Deutsche teilten, können die heute Fünfundvierzig- bis Fünfundfünfzigjährigen hüben wie drüben nichts anfangen. Dennoch haben sie an den Folgen des Unheils zu tragen, das solche nationalistischen Sprüche heraufbeschworen hatten. Für einen aufmerksamen Leser sind sie in jedem dieser Gespräche, wenn auch auf unterschiedliche Art und Weise, spürbar.

Spürbar sind die Folgen der alten Kontroversen freilich bis heute auch im sudetendeutsch-tschechischen Verhältnis auf der Ebene der offiziellen Politik. Sowohl die tschechoslowa-

---

* Fast bis in die Mitte des 19. Jahrhunderts haben sich die in den böhmischen Kronländern lebenden Tschechen und Deutsche in erster Linie als Bewohner Böhmens verstanden. Die nationale Zugehörigkeit spielte in ihrem Zusammenleben keine große Rolle. Erst nach 1848 setzt sich gegen diesen Landespatriotismus der Nationalismus mit seinem Verständnis der Nation als sprachliche Einheit allmählich durch. Die Industrialisierung Böhmens beschleunigt diesen Prozeß. Die nationalen Kämpfe zwischen Tschechen und Deutschen setzen ein.
** Aus dem Aufruf der Alldeutschen Partei zu den böhmischen Landtagswahlen 1901. Zit. nach J. W. Brügel: Tschechen und Deutsche, München 1967, S. 16.
*** Freie Übersetzung der letzten zwei Zeilen des Gedichtes von Viktor Dyk (1877–1931). Im tschechischen Original: Vím, úkol náš je Čechy počeštiti/anebo zahynout.

kische Regierung als auch die Sudetendeutsche Landsmannschaft haben es bisher vermieden, sich offen und selbstkritisch mit den zwei neuralgischen Punkten in der jüngsten Geschichte beider böhmischen Völker auseinanderzusetzen: die Sudetendeutschen mit der Rolle ihrer Volksgruppe im Vorfeld des Münchener Abkommens bzw. dem Anteil der Sudetendeutschen an der Zerschlagung der Ersten Tschechoslowakischen Republik; die Tschechen mit der Rechtmäßigkeit der Vertreibung der Sudetendeutschen (ungeachtet dessen, daß es hier um eine auch durch die Siegermächte getragene Entscheidung ging), insbesondere aber mit den damit verbundenen Gewalttaten gegen die deutsche Bevölkerung, bei denen schätzungsweise 250 000 Menschen* umkamen. Die Einstellung beider Seiten zu diesen für das sudetendeutsch-tschechische Verhältnis zentralen Ereignissen ist bisher durch Rechtfertigung der eigenen Position und des eigenen Handelns sowie Verdrängung unbequemer Fragen geprägt. Es ist allerdings eher die »Angst vor dem ersten Schritt« als eine totale Ablehnung der anderen Seite, die sich hinter diesen auf das Wahren des eigenen Prestiges bedachten Haltungen verbirgt. Auf der zwischenmenschlichen Ebene ist der Wunsch nach Verständigung und Versöhnung schon vielfach zur Realität geworden. Aber man muß auch sehen, daß es nicht einfach ist, sich auf diesem Trümmerfeld, das den Tschechen und Sudetendeutschen der Nationalismus hinterlassen hat, frei und unbefangen zu bewegen. Tief verinnerlichte Vorurteile, Reste ideologisch verbrämter Geschichtserfahrungen, undefinierbare Ängste und Gefühl der Bedrohung, verdrängtes schlechtes Gewissen, falsch verstan-

---

* Alfred Bohmann: Das Sudetendeutschtum in Zahlen, München 1959, S. 252. Die Zahl der Toten, Vermißten und Personen unbekannten Aufenthaltes wird hier als *Vertreibungsverlust* mit 241 000 Menschen angegeben. In der Literatur werden allerdings auch höhere Zahlen erwähnt. Das Ministerium für Vertriebene gab (1967) die Zahl 267 000 Personen an.

dene Treue zur eigenen Nation, stellen sich hier dem Willen nach Klarheit und Besonnenheit immer wieder in den Weg. Jeder Tscheche und jeder Sudetendeutsche, dem diese Fragen nicht ganz gleichgültig sind, hat mit diesem Kampf zwischen »Kopf« und »Bauch« seine eigenen Erfahrungen gemacht. Schon die unterschiedliche Wortwahl für ein und denselben Sachverhalt – Vertreibung in der Bundesrepublik; Aussiedlung oder Abschub in der Tschechoslowakei; Umsiedlung in der DDR – hat fast Bekenntnischarakter und weist auf eine noch unbewältigte Vergangenheit hin.

Wie schwer die Verarbeitung der Hypotheken im Verhältnis der beiden Völker vor allem denjenigen fällt, die die Jahre 1938 und 1945 bewußt erlebten, zeigte nicht zuletzt auch die kontroverse Diskussion, die sich in der tschechischen Exilzeitschrift »Svědectví«* 1978 um die »Thesen zur Vertreibung« des slowakischen Historikers Ján Mlynárik (Danubius) entspann. (Nach den ersten Ansätzen in der Zeit des Prager Frühlings stellt sie die bedeutendste Auseinandersetzung mit diesem Thema auf tschechoslowakischer Seite dar.) Auch hier wurden die Belastungen der Vergangenheit und die alten Ängste spürbar. Alle Diskutierenden waren sich zwar einig in der Verurteilung der Ausschreitungen gegen die deutsche Bevölkerung; die Vertreibung selbst betrachtete aber die Mehrheit als einen tragischen und bedauernswerten, für die Sicherung des tschechoslowakischen Staates jedoch notwendigen Akt. Acht Jahre später haben sich allerdings in einer inoffiziellen Umfrage** nur 15 Prozent der Befragten mit der Zwangsaussiedlung einverstanden erklärt. 42 Prozent haben auf den Satz »Es ist gut, daß wir die Deutschen

---

* »Svědectví«, (Paris) Jahrg. 15 (1978) Nr. 57, S. 105–122; Nr. 58, S. 383–406; Nr. 59, S. 565–598.
** Výsledky nezávisleho prúzkumu současného smýšlení v Československu. (Ergebnisse unabhängiger Untersuchung der öffentlichen Meinung in der ČSSR) Svědectví Jahrg. XX (1986); S. 300–303.

aus den Grenzgebieten abgeschoben haben« mit Nein geantwortet, 40 Prozent waren unentschieden. In der gleichen Umfrage meinten 69 Prozent der Befragten, daß die Deutschen keine Feinde der Tschechen und Slowaken mehr sind. Ein Wandel also auch hier?
Fünfzig Jahre nach dem Münchener Abkommen, mehr als vierzig Jahre nach der Vertreibung, wissen die Tschechen und die Sudetendeutschen schon, auch wenn sie es nicht zugeben wollen, daß es in den nationalen »Kriegen« keine Sieger und Besiegte, sondern nur Verlierer gibt. Beide Seiten haben auf unterschiedliche Art und Weise Verluste erlitten, politische, wirtschaftliche, kulturelle, moralische. Möglicherweise ist es auch dieses Gefühl der Niederlage und die Scham über die eigene Torheit, die die offene Auseinandersetzung mit den Fehlern der Vergangenheit auf der offiziellen politischen Ebene erschweren. Gerade diese Auseinandersetzung ist aber notwendig, wenn die Trauerarbeit des einzelnen einen über seine eigene Biographie hinausgreifenden Sinn bekommen soll.
Glaubten die Sudetendeutschen 1938 (nach dem Münchener Abkommen und der Abtretung der tschechoslowakischen Grenzgebiete an das Deutsche Reich) endlich die Erfüllung ihres 1918 verletzten Selbstbestimmungsrechtes erreicht zu haben, so mußten sie in den darauffolgenden Jahren erfahren, daß sie nur als Handlanger den machtpolitischen Interessen eines verbrecherischen Regimes dienten. Die Sudetendeutschen, die nach dem Krieg ihre Heimat verlassen mußten, waren nicht die gleichen Menschen, die 1938 dem Führer bei seiner Reise durch die Grenzgebiete zujubelten. Den Tschechen erging es nicht besser. Dünkten sie sich 1945 endlich als alleinige Herren in Böhmen, so mußten sie bald erfahren, daß die Zwangsaussiedlung eines Viertels der Bevölkerung Böhmens und Mährens nur das erste Signal des einbrechenden Stalinismus und der Teilung Europas war; die

Ausgrenzung der Deutschen nur der Beginn der Ausgrenzung weiterer Gruppen in der eigenen Nation. Auch in der Trennung wurde – eine Ironie der Geschichte – der enge Zusammenhang der Schicksale beider Völker, auf den ihre vom Nationalismus nicht geblendeten Angehörigen schon immer hingewiesen haben, nochmals bestätigt.

Auf dem Höhepunkt der nationalen Leidenschaften nach dem Zusammenbruch Österreich-Ungarns meinte der tschechische Schriftsteller Josef Holeček, daß zwischen den Deutschen und Tschechen »in bezug auf die Harmonie von Geist und Gemüt ein Abgrund ist, der sich nicht überbrücken läßt«.* Heute, fast fünfzig Jahre nach dem gewaltsamen Ende des Zusammenlebens von Tschechen und Deutschen in einem Raum, wird allmählich der Blick frei für das, was beide Völker verband. Das Gefühl der kulturellen Nähe und Verwandtschaft scheint langsam Oberhand zu gewinnen. Auch die in diesem Buch gesammelten Gespräche legen davon Zeugnis ab. Wenn auch die Vergangenheit noch ihren Schatten auf die einzelnen Biographien wirft, so wird doch die Affinität zu Böhmen auf vielfache Art und Weise deutlich. Obwohl sie schon als Kinder Böhmen oder Mähren verließen, fühlen sich die Sudetendeutschen dieser Generation von der tschechischen Mentalität angezogen, empfinden eine Nähe zur tschechischen Sprache und Kultur, zur Musik, heirateten oft untereinander, erkennen auf Anhieb Menschen, die aus der gleichen Region kommen, heben die Vorzüge und Fruchtbarkeit einer multikulturellen Gesellschaft hervor und fühlen sich eher als Österreicher denn als »Reichsdeutsche«. Auch Verwandtschaftsbeziehungen haben die Trennung beider Völker überstanden.

Ähnliche Stimmen kann man heute auf der tschechischen Seite hören. Nicht zuletzt verdankt auch dieses Buch seine

---

* Josef Holeček (1853–1929), Národní moudrost, Praha 1920, S. 30–33.

Entstehung einer solchen späten Begegnung zwischen zwei Landsleuten. Die Herkunft und Prägung durch das Land scheint mindestens genauso schwer zu wiegen wie die Zugehörigkeit zu der als Gemeinschaft der Sprache definierten Nation. Siebzig Jahre nach dem Untergang Österreich-Ungarns werden die Umrisse des alten mitteleuropäischen Kulturraums mit seinem fruchtbaren Miteinander, Nebeneinander, aber auch Gegeneinander der Nationen – der Slawen, Deutschen, Juden und Ungarn – wieder sichtbar.
Eine zu späte Erkenntnis der Zusammengehörigkeit? Oder besteht doch eine Hoffnung, daß in einer gemeinsamen Trauerarbeit aus der Hinterlassenschaft ein Erbe wird?

Saarbrücken, November 1989*   Alena Wagnerová

---

* Geschrieben noch in der tschechoslowakischen »Novemberrevolution« 1989, die den Weg zur Verständigung und Versöhnung beider Völker nun – allem Anschein nach – geöffnet hat.

Meine Heimat interessiert mich nicht...
Der Hohenstädter

Ich persönlich habe kein Interesse an der alten Heimat. Ich würde auch nie hinfahren, solange dort das Regime herrscht, unter dem meine Eltern gelitten haben. Ich liebe die Freiheit und stelle sie über alles, und das ist für mich der Hauptgrund, warum ich nicht hinfahre. Hier kann ich sagen, was ich will, und es passiert mir nichts. Die Großeltern – die sind schon verstorben – haben dort einmal Besuch gemacht und sagten, sie würden jedem abraten hinzufahren. Es hat sich alles verändert. Die Häuser, die Gebäude, woran sich die Erinnerungen festmachen, sind meistens nicht mehr da. Es soll dort sehr schöne Landschaft geben, aber der Bezug dazu fehlt mir, weil ich erst vier Jahre alt war, als wir weggingen. Ich habe nur so ein paar verschwommene Umrisse. Aber in dem Alter, als Kind, merkt man sich nicht die Landschaft. Da hat man höchstens Gebäude in Erinnerung, oder wie wir beim Großvater auf dem Bauernhof mit meiner Schwester Schlitten gefahren sind und die Milchkanne umgestoßen haben. Das sind die Erinnerungen, die man behält.

Das alles begann damit, daß der Vater abgeholt wurde. Wir haben im Wohnzimmer gesessen, ich auf seinem Schoß: Plötzlich klopfte es an der Tür, zwei russische Soldaten kamen rein. Mein Vater mußte alles liegen lassen, sie haben ihn abgeführt. Nicht einmal den Mantel aus dem Kleiderschrank durfte er mitnehmen.

Meine Mutter blieb plötzlich mit fünf Kindern alleine. Sie wußte keinen anderen Weg, als mit uns zu ihren Eltern zu gehen. Da hatte sie noch Bekannte, Deutsche und Tschechen, die ihr aus gutem Willen geholfen haben. Sie erzählt immer, daß die Russen nicht die Schlimmsten waren, sondern die Tschechen; die haben einen derartigen Haß entwickelt gegen alles Deutsche.

Der Vater kam, wie wir später erfuhren, nach Auschwitz. Die Russen haben damals die ganze männliche Bevölkerung in Hohenstadt zusammengetrieben und sie einfach dorthin verfrachtet. Es war keine Nahrung da, viele sind dort kaputtgegangen, verhungert. Dort in Auschwitz war ein tschechischer Arzt, der hat meinen Vater von früher gekannt und wußte, daß er immer ordentlich war und vielen Tschechen in den Kriegsjahren geholfen hatte. Er war daheim bei der SA im Objektschutz tätig gewesen und hat für die tschechische und deutsche Bevölkerung Verwaltungsaufgaben übernommen. Die Tschechen waren zu der Zeit zwar nicht ganz diskriminiert, aber es haben doch die Deutschen geherrscht über die Tschechen. Und er war eben menschlich. Und so hat ihn jetzt der tschechische Arzt krank geschrieben, damit er aus dem Lager entlassen werden konnte.
Dann mußten wir fort. Die Deutschen sind gesammelt worden, auf den Bahnhöfen standen Viehwaggons, in die mußte man einsteigen. Die Schiebetür wurde zugeschlagen, es war plötzlich dunkel, und kein Mensch wußte, wohin die Reise geht. Man hat als Kind ängstlich dagesessen, unsicher, was passiert. Meine Mutter durfte praktisch nur den Kinderwagen mitnehmen, da war mein jüngster Bruder drin. Der ist unterwegs buchstäblich verhungert; es gab keine Nahrung, keine Medikamente, meine Mutter konnte nicht stillen. Irgendwann mal blieb dann der Zug stehen, die Tür ist aufgegangen, und es hieß, ins Lager. Dort wurde man dann vom Roten Kreuz mit Nahrung versorgt und mußte warten, es dauerte ewig, bis der Transport weiterging. Wohin, wußte niemand. Es gab mehrere solcher Stationen, ich kann es alles nicht ganz nachvollziehen, irgendwie verdrängt man es auch. An das letzte Lager kann ich mich erinnern. Das war Sekkach. Und dort ist schon der Vater zu uns gestoßen. Wie er erfahren hat, wo wir sind, weiß ich auch nicht.
Etwa nach einem Jahr Lagerdasein sind wir in Bietigheim

gelandet. Vom Wohnungsamt sind wir zwangsweise einquartiert worden in ein Haus. Die Leute waren schon älter, der Sohn ein Architekt, und sie waren natürlich sehr verbittert, daß sie jemanden aufnehmen mußten in ihr Prachthaus. Entsprechend sind wir auch behandelt worden.
Es war kurz vor Weihnachten als wir kamen. Ein Ofen war da, aber kein Brennmaterial. Die Leute hatten Holz, wollten uns aber keins geben. Wir sollten uns totfrieren. Am Heiligen Abend ist zu uns eine Frau aus der Nachbarschaft gekommen, hat uns einen Sack Holz gebracht. Das war unser Weihnachtsgeschenk. Wir konnten es uns ein bißchen warm machen in einem Stübchen.
Unsere Hausleute haben mit allen Schikanen versucht, uns wieder rauszuekeln. Flüchtling, das war ein Schimpfwort damals. Als Kind hat man darunter gelitten. Wir mußten leise sein, meine Mutter mußte sich ständig Beschwerden anhören, daß wir uns so oder so falsch verhalten haben. Wir haben gar nichts gemacht, wir waren brav, und trotzdem kamen laufend Beschwerden. So haben wir die erste Gelegenheit genutzt und sind in die Altstadt umgezogen. Dort mußten wir uns mit zwei anderen Familien eine Dreizimmerwohnung teilen. Da ging der Zirkus aufs neue los, bis mein Vater eine gute Arbeit fand und von der Firma eine Werkswohnung erhielt.
Bietigheim gehörte zu der amerikanischen Besatzungszone. Die Amerikaner sind am Anfang viel im Ort mit ihren Panzern und Militärfahrzeugen herumgefahren, das war für uns Kinder natürlich sehr schön. Vor allem die Schwarzen habe ich in guter Erinnerung. Sie waren unheimlich kinderlieb. Sie standen auf den Lastwagen, und wenn sie irgendwo ein Kind sahen, haben sie immer Süßigkeiten heruntergeworfen. Das waren für uns damals Wertgeschenke, es gab ja nichts.
Mein Bruder hat durch die Ereignisse drei Jahre Schule versäumt, und so sind wir, er, meine Schwester und ich, in die

gleiche Klasse gekommen. Und wir sind auch in der Schule als Flüchtlinge behandelt und beschimpft worden. Irgendwann mal hat man sich das nicht mehr gefallen lassen, hat sich zur Wehr gesetzt und später auch Freunde gewonnen. Ganz langsam ist man integriert worden, und schließlich ist nicht mehr darüber gesprochen worden; man hat dazu gehört. Das war aber bestimmt ein Zeitraum von fünf bis zehn Jahren, genau kann ich es nicht sagen. Aber die ersten fünf Jahre, die waren bitter.
Die einheimischen Kinder waren natürlich von ihren Eltern beeinflußt; man wollte uns ja nicht. Aber wenn man ganz tief unten ist, kann man nicht mehr tiefer fallen. Dann muß man sich auf die Hinterfüße stellen, etwas anderes gibt es nicht. Und wir konnten nicht mehr tiefer fallen. Wir hatten nichts. Ich bin mit dreizehn, vierzehn in kurzen Hosen herumgelaufen und Strümpfen wie ein Mädchen, weil nichts da war. Ich mußte alte Kleider auftragen, wir sind barfuß gelaufen, bis in den Oktober hinein, weil keine Schuhe da waren. Ich habe mich immer geschämt. Aber resignieren – dazu hatte man keine Zeit. Der Hunger hat einen getrieben. Dann kam die schöne Zeit, daß Schrott gefragt war. Überall in den Wäldern lag noch Munition vom Krieg. Wir haben Messing gesammelt und es dann verkauft. Und mein Vater ist auf dem Fahrrad durch die Dörfer gefahren und hat alte Nähmaschinen repariert, für ein paar Eier, und wir haben auf den Stoppelfeldern die Ähren gesammelt, bekamen Mehl dafür. Dann konnten wir uns Kuchen backen. Es war kein Geld, kein Vermögen da. Heute würde man uns als Asoziale bezeichnen. Die Einheimischen, die hatten wenigstens ihren Garten, wo sie Gemüse züchten konnten.
Aber langsam ging es bergauf. Zuerst haben wir uns Möbel angeschafft. Später, ab Anfang der fünfziger Jahre, kamen dann die Flüchtlinge aus der DDR. Da waren wir schon halb integriert. Und die sind wieder von der Allgemeinheit, selbst

von den Vertriebenen als Flüchtlinge behandelt worden. Das war das Eigenartige.
Die Deutschen aus dem Osten, die jetzt kommen, die werden hier genauso behandelt wie wir damals. Jahrelang haben sie von der Bundesrepublik geträumt, kommen mit großen Hoffnungen her und machen sich keinen Begriff davon, wie sie hier aufgenommen werden. Wir mußten fort, aber sie kommen freiwillig und denken, daß sie in der Heimat willkommen sind. Und das sind sie im Grunde genommen nicht. Wir hatten auch diese Probleme, konnten aber wenigstens deutsch sprechen.
Die Eltern haben am Anfang noch gehofft, daß sich etwas ändert und wir wieder zurück kommen. Aber die Hoffnung hat sich nach und nach immer mehr zerschlagen. Sie waren nicht glücklich in der sogenannten neuen Heimat, aber wir hatten keine andere Wahl.
Am Anfang sind sie auch öfters zu den sudetendeutschen Treffen gegangen, haben dort viele Bekannte getroffen. Es war die einzige Möglichkeit, sich wieder zu finden. Kein Mensch wußte, wohin es den anderen verschlagen hat. Es waren ganze Familien getrennt, die sind dann in der Hoffnung zu diesen Veranstaltungen gefahren; man wird vielleicht über die anderen etwas erfahren. Ich bin nur als Kind dabei gewesen. Und ich lege heute auch keinen Wert darauf, weil es in meinen Augen irgendwie künstlich hochgehalten wird.
1959 bin ich von Bietigheim weggegangen. Ich habe dort Buchbinder gelernt und mich dann sofort abgesetzt in die Schweiz. Ich wollte auch etwas anderes sehen, war neugierig und interessiert an allem Unbekannten. Es war eine gute Lebenserfahrung. Ich habe in der Schweiz viel verdient. Der Umrechnungskurs war damals auch sehr günstig. Gespart habe ich nicht. Ich habe mir ein schönes Leben gemacht, die Notzeit nachgeholt. In der Schweiz gab es damals einen der-

artigen Haß gegen die Deutschen, daß man glücklich war, wieder nach Schwaben zu kommen und dort das Gefühl zu haben, jetzt bist du wieder in der Heimat. Dort war man willkommen im Vergleich dazu, wie damals ein Deutscher in der Schweiz angeschaut worden ist. Und die Schlimmsten waren gerade diejenigen, die sich in die Nazibücher eingetragen hatten, um als nazifreundlich zu gelten, für den Fall, daß Hitler vor der Schweiz keinen Halt machen würde. So haben mir es die Schweizer erzählt.
Aber man hatte Ausweichmöglichkeiten. In der Firma waren sechs Deutsche, zwei Österreicher, ein Spanier und ein paar Italiener, wir waren im Prinzip alle Ausländer. Nun haben wir uns zusammengetan, haben am Wochenende Ausflüge gemacht, sind Ski gelaufen. Zum Schluß haben sich uns auch junge Schweizer angeschlossen.
Ich wollte nicht Buchbinder werden, aber es hat sich angeboten, ich hatte keine andere Wahl. Wir waren vier Kinder bei einem Verdienst, da war jedes Wunschdenken zum Scheitern verurteilt. Es wäre nicht finanzierbar gewesen, beim besten Willen nicht. Und vom Staat gab es damals nichts, im Unterschied zu heute.
Ohne die Kriegseinflüsse, oder wie man es nennen mag, hätte ich gute Zukunftschancen gehabt. Meine Eltern waren nicht unvermögend, auch von der Verwandtschaft her. Da hätte es an der Ausbildung nicht gefehlt, Abitur hätte ich ohne weiteres machen können. Aber nun hatten wir ja nichts mehr, alles war weg, und wir mußten praktisch wieder von Null anfangen. Die anderen haben alles behalten und auf uns von oben herab geschaut. Aber so einer vergangenen Sache kann man nicht ewig nachtrauern, das Leben geht weiter.
Ich habe oft beruflich gewechselt, es hat mich immer das Neue interessiert. Kaum habe ich es gekannt, schon war es für mich langweilig, auch die Gegend ist mir langweilig ge-

worden. Fast jedes Jahr habe ich die Stelle gewechselt, als ich noch ledig war.

Ich war das Kämpfen gewöhnt, das war das Positive daran, an der Not, die wir erlebt haben. Man hat gelernt, sich unter keinen Umständen unterkriegen zu lassen, sich nicht aufzugeben. Man wußte, es geht irgendwie weiter, nur wenn man sich auf die Hinterfüße stellt. Ich persönlich habe keine Angst vor Notzeiten; ich wüßte mir in jeder Situation zu helfen, wahrscheinlich im Unterschied zu der heutigen Jugend.

1962 bin ich wieder zurück in meine alte Firma nach Bietigheim gegangen. Ich habe meine Frau in der Schweiz kennengelernt, wir haben in Bietigheim geheiratet. In der Schweiz wollte ich nicht bleiben, weil dort das soziale Gefüge schlechter ist. Und man bleibt immer als Ausländer der Ausländerpolizei unterstellt.

Anfang der siebziger Jahre bin ich mit meiner Frau ins Saarland gezogen. Sie ist eine Saarländerin und wollte in ihre Heimat zurück. Mir war es im Prinzip egal. Ich bin überall zu Hause, wo ich mich wohl fühle und Geld verdiene. In dem Sinne bin ich nicht ortsgebunden. Jeder Ort kann die Heimat sein. Aber mit diesem Heimatgefühl, wie es meine Frau hat, damit kann ich nichts anfangen. Ich habe auch zu Bietigheim heute keinen Bezug mehr. Als wir dorthin kamen, lebten dort 8 000 Menschen, es gab zwei Industriewerke aber sonst war es ein Bauerndorf, heute hat es 70 000 Einwohner. Wenn ich heute dort hinkomme, wo ich als Kind gespielt habe, wo schöne Wälder waren, es ist alles bebaut, abgeholzt, Straßen sind in alle Richtungen gebaut worden, Hochhäuser hingestellt. Es ist für mich eine fremde Stadt geworden. Die Freunde hat man aus den Augen verloren, die sind alle gar nicht mehr da. Sicher, ich bin in Schwaben aufgewachsen, ich habe auch die Mundart angenommen, weil ich dort aufgewachsen bin. Werde auch verspottet als

Schwabe. Das macht mir nichts aus. Aber als Schwabe würde ich mich nie bezeichnen, ich würde schon eher sagen, ich bin ein Sudetendeutscher. Ich komme von dort, dazu stehe ich. Die Heimat ist verloren, und ich habe auch keine Möglichkeit, zurückzugehen. Was soll ich machen, als es praktisch abschreiben. Ich bin zwar dort geboren, daher ist es die Heimat, aber an das Heimatgefühl oder so etwas glaube ich nicht. Das wäre eingebildet, nichts Ehrliches. Wenn wir von der Heimat sprechen, dann müßte ich schon sagen, das ist der Ort, wo man die Kindheit verbracht hatte. Ich weiß es nur von den Eltern, wie schön es drüben war, aber die bewußte Erinnerung, die fehlt. So wüßte ich nicht, was ich dort suchen sollte. Ich müßte mir zuerst alte Karten besorgen, wo noch alles drauf ist, was ich nicht kenne, also optisch nicht kenne. Wenn ich hinfahren würde, vielleicht in den kommenden Jahren, momentan zieht mich nichts hin, dann würde ich als Tourist hinfahren, um das Land kennenzulernen, nicht um irgendwas zu suchen. Jedenfalls fahre ich so lange nicht, solange ich mich dort nicht frei bewegen kann. Ich lehne grundsätzlich alle Ostblockländer ab, wie alle Länder, wo die persönliche Freiheit des einzelnen eingeschränkt ist.
Vielleicht spielt da auch so etwas wie eine Enttäuschung eine Rolle. Das hat nichts mit dem Haß gegen die Bevölkerung dort zu tun. Es ist mehr gefühlsmäßig, daß ich nicht mehr hin will und warum ich nicht mehr hin will. Da macht man irgendwas zu Nein. Aber es genau zu sagen, warum es so ist, das kann ich nicht.

*Das Gespräch würde mein Mann nicht
mehr machen wollen...*

Es war eine schlimme Woche nach dem Gespräch. Wir haben schon öfters darüber gesprochen, aber so bewegt wie jetzt habe ich ihn lange nicht gesehen. Er würde das Interview auch nicht mehr machen wollen. Es bringt doch alles nichts, meinte er. Ich glaube, es hat in ihm doch vieles aufgewühlt, was er verdrängt hat. Was alles in ihm hochkommt, war für ihn nicht voraussehbar.
In der Familie sprechen sie nie darüber. Aber wenn die Schwiegermutter bei uns ist, setzt sie sich immer zu mir in die Küche und erzählt so richtig mit Begeisterung von drüben. Mein Mann wundert sich dann immer, was ich alles über seine Familie weiß. Untereinander sprechen sie nie darüber. Keiner von ihnen war in der alten Heimat. Auch die Schwester, die die Tschechoslowakei besucht hat, war nicht in der Gegend, wo sie geboren ist. Sie hat auch nichts erzählt, als sie heimkam. Dieses Desinteresse an der Heimat kann ich nicht verstehen. Wenn ich weit weg von hier leben müßte, dann in die Nähe käme, würde ich immer zuerst gucken: Wie sieht es jetzt aus, wo du geboren bist. Wenn wir von hier weg müßten, würde ich meinen Kindern immer davon erzählen, wo wir lebten und wie es dort war, die Erinnerung wachhalten.
Die ganzen Jahre unserer Ehe habe ich mir über das Vertriebensein keine Gedanken gemacht. Erst jetzt mit der Trennung frage ich mich, warum, weshalb es mit uns so gelaufen ist. Ich würde meinem Mann gerne die Heimat geben, aber er ist irgendwie ruhelos, getrieben.
Er sagt auch, daß er sich hier im Saarland nicht angenommen fühlt, obwohl er mit vielen Menschen arbeitet, die keine Saarländer sind. Es sind auch zwei Schwaben dabei, denen

sagt er aber niemals, er sei kein Schwabe. Das würde er nie zugeben, daß er ein Vertriebener ist und in Schwaben nur aufgewachsen ist. Dann ist er eben Schwabe. Ich durfte es auch nie sagen, das wollte er nicht. Wenn ich mit den Leuten da unten Kontakt suchte, sagte er immer, das bringt nichts, bis du anerkannt bist, das dauert ewig, das erlebst du gar nicht mehr. Auch heute, wenn er jemanden trifft, sagt er nie, woher er kommt. Ich sage immer, wo ich auch hinkomme, ich bin eine Saarländerin, und sage es mit Stolz. Ich nehme an, daß er sich vielleicht auch schämt. Er sagt immer wieder: Du kannst es nicht verstehen, weil du so behütet aufgewachsen bist. Ich bin auch nicht behütet aufgewachsen, aber er nimmt an, daß alle anderen zu Essen hatten und lange Hosen, während er in den kurzen laufen mußte und mit Strümpfen wie ein Mädchen und alle diese Dinge. Das ist ihm sehr nahegegangen. Aber das sind doch alles Sachen, die man aufarbeiten kann.

Ich wußte nicht, daß Libuše und Milan keine deutschen Namen sind...
Die Troppauerin

Ich bin 1931 in Troppau geboren. Mein Vater war Herrenschneider, ein sehr gerechter strenger Mensch. Er hat mir nie gezeigt, daß er mich liebt. Meine Mutter war für mich eher die Freundin, eine ältere Schwester, wir haben uns sehr gut verstanden. Bei uns zu Hause war es immer sehr still und ruhig. Der Sonntagsspaziergang war üblich. Jeder hatte seine Pflichten; meine Pflicht war es, brav zu sein, zu folgen. Widerrede gab es nicht.
Dann ist unser Leben ganz anders geworden. Plötzlich ging es los, Tschechen und Deutsche. 1937 fing es an. Wir hatten tschechische Hauswirte, ich habe mit tschechischen Kindern gespielt. Aber ich weiß erst heute, daß es keine Deutschen waren. Als Kind bin ich gar nicht darauf gekommen, daß Libuše oder Milan keine deutschen Namen sind. Wir haben zwar miteinander deutsch gesprochen, aber geböhmakelt. Das Troppauer Deutsch war sowieso etwas eigenartig. Wenn wir spazieren gingen, hatten wir Kinder meistens weiße Kniestrümpfe an. Auf einmal begannen die Tschechen, auf unsere Beine mit Stöcken zu hauen. Die weißen Kniestrümpfe galten als typisch deutsch. Genauso war es mit den Dirndlkleidern. Auch sie galten als deutsch, und wir sollten sie nicht mehr tragen. Vorher ist es uns nie aufgefallen. Wir Kinder trugen alle die gleichen Kleider, auch die tschechischen, und wir hatten auch die gleichen Schneiderinnen.
Dann verlor mein Vater die Arbeit. Er hatte bei einem deutschen Meister gearbeitet, und die Tschechen gingen jetzt nicht mehr in die deutschen Geschäfte. Troppau war zwar

überwiegend deutsch, aber die Tschechen hatten mehr Geld. Es waren meistens Staatsbeamte. Dann fing man an, über »Heim ins Reich« und SA zu reden. Was wußte ich damals, was SA war? Wenn wir jetzt spazieren gingen, begegneten uns Menschen, die entweder Kornblumen oder Klatschmohn im Knopfloch trugen. Die einen waren Deutsche, die anderen Tschechen. Ich bin als Troppauerin zur Welt gekommen, und plötzlich war ich eine Deutsche.
Obwohl ich in Troppau aufgewachsen bin, sprach ich kein einziges Wort Tschechisch. Das kann man kaum glauben. Ein paar Brocken Tschechisch habe ich erst viel später in der Internierung gelernt. Ich hatte in der Schule nie Tschechischunterricht, das kam erst in der Bürgerschule*. Und als zweite Sprache kam Englisch. Aber als ich so weit war – das war schon während des Krieges –, gab es keinen Tschechischunterricht mehr.
Mein Vater war kein politischer Mensch. Die Worte deutsch oder tschechisch hatten für ihn keine Bedeutung. Erst als er die Arbeit verlor, hieß es: Weil er ein Deutscher ist... Er hat dann für die ganze Verwandtschaft Kleider repariert. Dafür gab es immer etwas, und die Mutter ging putzen. Eine besondere Not habe ich nicht gespürt, wir haben sowieso immer sparsam gelebt. Aber stempeln ist der Vater nie gegangen.
Eins werde ich nie vergessen: Es mußte kurz vor dem Einmarsch der Deutschen gewesen sein. Auf dem Weg nach Hause wollten wir, meine Eltern und ich, den großen Platz überqueren, auf dem auch das Deutsche Haus stand. Aber wir kamen gar nicht durch. Der Platz war voller Menschen, Tschechen und Deutsche, die sich beschimpften, anschrien und bespuckten. Es war furchtbar. Auch Steine flogen. Ich

---

* Nach dem alten tschechischen und österreichischen Schulsystem: 6.–9. Schulklasse als Fortsetzung nach fünf Jahren Grundschule.

habe schnell meine Kniestrümpfe zu Söckchen runtergerollt und wir rannten durch die Nebenstraßen nach Hause. Aber die Furcht vor solchen Versammlungen blieb mir tief in den Knochen sitzen.
Nach dem Einmarsch habe ich zum erstenmal Eintopf und Pudding gegessen. Das kannte ich bisher nur aus den Büchern. Unsere Hauswirte waren plötzlich nicht mehr da. Man hat uns Kindern gesagt: Das waren doch Tschechen, hast du es nicht gewußt?
Nein, ich habe es wirklich nicht gewußt.
Es gab auch viele Aufmärsche, das kam mir komisch vor. Der Blockwart kam zu uns und sagte: Jetzt ist die Not zu Ende – und gab meiner Mutter einen Schein für Lebensmittel. Die sollten wir an einer bestimmten Stelle abholen. Als wir dorthin kamen, stand ein großer Wagen voller Weißkrautköpfe da. Die Mutter hat einen halben genommen, mehr konnten wir nicht gebrauchen. Und das war auch alles. Statt »Kde domov můj«* haben wir jetzt »Deutschland, Deutschland über alles« gesungen. »Aber das ist doch nichts Neues«, meinte die Mutter. »Die Melodie kenne ich doch aus der österreichischen Zeit.«
Ich sollte auch in ein Erholungsheim fahren. Aber dann hätten meine Eltern der NSDAP beitreten müssen. »Darauf können wir verzichten«, meinte mein Vater. »Wenn du Erholung brauchst, fährst du zu Oma.« Und damit war das Thema erledigt. So waren sie eben, meine Eltern. Wenn etwas los war, nur schnell weg, sich nicht einmischen, am besten zu Hause bleiben, Türen und Fenster zu. Ich glaube, es ist viel Feigheit dabei gewesen. Meine Eltern sind in ihrem Leben jeder Schwierigkeit aus dem Wege gegangen. Sie haben sich nie etwas getraut, weder bei einer Behörde noch anderswo. Sie waren sehr still, lebten glücklich miteinander;

---

* Tschechoslowakische Nationalhymne

es gab keinen Streit bei uns. Aber sie konnten sich nicht auflehnen, wollten nicht auffallen. Sie waren keine politischen Menschen. Aber heimlich im Verborgenen helfen, das konnte meine Mutter schon. Wenn durch unsere Gasse später die Juden in Kolonnen zur Arbeit gingen, hat sie sich immer an den Straßenrand gestellt und ihnen in die Reihen Brote reingeschoben. Der Vater sagte nur: »Frau, Frau, mit dir wird es einmal ein böses Ende nehmen.« Und die Nachbarin von oben grinste: »Ich habe heute wieder zugeschaut.« Aber niemand hat die Mutter angezeigt.
Daß unbequeme Menschen verschwanden, das wußten wir, aber nicht wohin. Den Namen Dachau habe ich erst nach dem Kriege gehört. Als der Vater dann zu Kriegsdiensten eingezogen wurde und russische Kriegsgefangene unter sich hatte, hat die Mutter für sie Plätzchen gebacken. Nächtelang. Der Vater hat sie dann an die Gefangenen verteilt. Sie haben es meinem Vater auch gedankt: Als er einmal verschüttet wurde, haben sie ihn mit bloßen Händen rausgeschaufelt. Vieles davon habe ich damals gar nicht mitbekommen. Erst als wir in die Ostzone kamen und vor lauter Hunger oft nachts nicht schlafen konnten, hat mir die Mutter davon erzählt.
Im Herbst 1944 hatte ich mich beim Trampolinspringen am Knie verletzt und mußte ins Krankenhaus. Nach Weihnachten sollte man mir den Gips abnehmen, aber einen Tag vorher wurde das Krankenhaus – es war eigentlich ein Lazarett –, von einer Bombe zerstört. Da war aber schon die Evakuierung in vollem Gange, auch die Lazarettzüge waren schon weg. Am 11. Januar kam der Blockwart zu uns – wir waren die letzten im Hause, weil ich nicht laufen konnte – und teilte uns mit, daß wir in einer Stunde mit dem letzten Lazarettzug über Brünn nach Prag fahren sollten. Mit zwei Koffern und einem Federbett als Gepäck haben wir von Troppau Abschied genommen.

In Prag hat man mir dann den Gips abgenommen. Ein paar Tage später wurde ich bei einem Luftangriff durch die Druckwelle auf den Boden geschleudert, und dabei ist an dem kranken Bein die Kniescheibe weggerutscht. Ich hatte große Schmerzen, aber wer hätte es mir richten können? Es gab keinen Gips, kein Verbandsmaterial. Was man noch hatte, gab man zuerst den verwundeten Soldaten. Meine Mutter war im Lager im Hyberna-Bahnhof und dachte, ich wäre tot.
Und dann brach der Prager Aufstand* aus, und es ging alles drunter und drüber. Eine Gruppe ehemaliger Häftlinge drang in das Krankenhaus ein und warf die deutschen Kranken aus den Betten. Sie mußten sich in den Fluren und im Hof versammeln. Am nächsten Morgen sollten sie erschossen werden. Die Leute, die laufen konnten, kamen dann in das Strahov-Stadion, ich mit anderen Kindern in die Börse. Dort waren nur Deutsche: Kinder, Zivilisten und verwundete Soldaten. Wir Kinder lagen in einem großen Saal auf Holzpritschen, zum Essen gab es nur trockenes Brot und Wasserkrautsuppe. Hunger ist etwas Furchtbares, alle Gedanken konzentrieren sich nur aufs Essen. Sogar die Angst war weg. Wer uns Kindern sehr geholfen hat, waren junge deutsche Soldaten, achtzehn, neunzehn Jahre alt. Ich war damals vierzehn, schon entwickelt, aber während der ganzen Zeit hat sich keiner von ihnen etwas erlaubt. Als einmal die Russen kamen und Frauen suchten, hat sich einer auf mich geworfen, damit sie mich nicht sehen.
Wir hatten nichts und haben alles geteilt. Der eine hatte einen Kamm, hat ihn gebrochen, mir die Hälfte gegeben. Der andere besaß einen Spiegel, den haben wir zerschlagen, jeder bekam einen Splitter. Genauso haben wir uns auch das einzige Stück Seife geteilt. Wir haben Wehrmachtsdecken

---

* 5.–9. Mai 1945

aufgetrennt, ein Soldat hat mir aus einer alten Fahrradspeiche eine Nadel zum Häkeln gemacht, und ich habe jedem von uns ein kleines Täschchen gehäkelt.
Von der Börse wurde ich dann in das Frauenheim auf Smíchov verlegt, und dort bekam ich endlich den Gips. Eines Tages tauchte Přemysl Pitter* auf und hat mich und ein paar andere Kinder, die auch nicht wußten, wo ihre Eltern sind, aus dem Lazarett rausgeholt. Wir sind auf einem offenen Lastwagen durch Prag gefahren, und es kamen noch weitere Kinder dazu. Als wir vor Schloß Kamenice hielten, haben dort Rosen geblüht.
Bei Onkel Přemysl und Tante Olga, das war für uns Kinder ein Paradies. Da war Güte, da war Liebe, da war Vertrauen, da war jedes Verständnis. Sie haben uns das Vergessen leicht gemacht und uns so viel Mut gegeben! Wir sagten zwar Onkel und Tante zu ihnen, aber sie waren für uns wie Vater und Mutter. Die Begegnung mit ihnen hat den Großteil unseres weiteren Lebens bestimmt. Das sagen alle, die dort waren, keiner hat sie vergessen. Sie haben uns aus der ganzen Misere gerettet und uns auch das Weltbild zurechtgerückt. Es ist doch vieles in uns hängengeblieben von den nationalsozialistischen Ideen. Jedes Wochenende hat Onkel Přemysl einen Gottesdienst abgehalten, aber keinen katholischen, wie ich es von zu Hause kannte, sondern von Mensch zu Mensch. Von uns Kindern ist alles abgefallen, und wir liebten uns wie

---

* Přemysl Pitter (1895-1976), Christ, Pazifist und Erzieher, gründete in den dreißiger Jahren zusammen mit Olga Fierz und weiteren Mitarbeitern in dem Prager Arbeiterviertel Žižkov ein Tagesheim für Kinder und Jugendliche: »Milíčův dům«. Nach dem Kriegsende organisierte er eine Hilfsaktion für jüdische Kinder, die aus den Konzentrationslagern zurückkehrten. Als er in Prag mit dem Elend der internierten deutschen Kinder konfrontiert wurde, hat er auch sie in diese Aktion einbezogen. Die Kinder waren in vier konfiszierten Schlössern des Baron Ringhoffer in der Umgebung von Prag untergebracht. Eines davon war auch das hier erwähnte Schloß Kamenice.

Geschwister. Onkel Přemysl und Tante Olga haben dich einfach als gut eingestuft, und es blieb dir nichts anderes übrig, als gut zu sein. Ich war schon längst erwachsen und habe noch oft gedacht: Würde das Onkel Přemysl gefallen, was du jetzt tust? Oder: Würde Tante Olga dazu ihr Amen sagen? Aber, selbst, wenn Onkel Přemysl und Tante Olga von uns etwas Böses erfahren hätten, sie hätten uns nicht fallenlassen. Sie hätten auch niemanden aufgegeben, weder in der Krankheit noch wegen einer Eigenschaft. Dazu waren sie gar nicht imstande. Einige haben sich schon gegen sie aufgelehnt, aber nur kurze Zeit. Onkel Přemysl und Tante Olga konnte sich niemand entziehen. Und dabei hatten wir in Kamenice so viel Freiheit, man hätte sich schon aus dem Wege gehen können, man mußte nicht mitmachen. Genauso war es im Unterricht: nicht: ›Du mußt‹, sondern: ›Du darfst‹. Es war herrlich. Eine Mitarbeiterin von Onkel Přemysl, Tante Klara, hat mir damals die ganze Welt der Literatur geöffnet. Ich bin später vielen guten Menschen begegnet, aber nie mehr solchen wie Přemysl Pitter und Olga Fierz. Seitdem weiß ich auch, daß das Gute stärker ist als das Böse. Denn das Böse tritt im Kreis, zehrt sich irgendwann auf, aber das Gute strahlt immer weiter aus.

Meine Mutter hat in dieser Zeit sehr viel durchgemacht. Ein paarmal ist sie knapp einer Vergewaltigung entkommen. Aus dem Internierungslager in Prag kam sie dann zu einem tschechischen Bauern in die Nähe von Tschechisch Brod. Es war ein herzensguter Mensch. Mit seinen Kindern stehe ich immer noch in Kontakt. Über das Rote Kreuz erfuhr meine Mutter, wo ich war, und eines Tages kam sie auf dem Fahrrad, die weiße Binde um den Arm, nach Kamenice. Der Bauer, Herr Šmíd, hinter ihr. Sie hätte es eigentlich gar nicht machen dürfen. So haben wir uns wiedergefunden.

Meine Mutter mußte dann bald aus der Tschechoslowakei raus, wie alle Deutschen. Sie fügte sich, wie immer. Wir wa-

ren nicht mehr in Troppau, hatten alles verloren, sie hatte abgeschlossen mit dem, was war.
Nach mehreren Unterbrechungen und Lageraufenthalten landeten wir in Thüringen und haben dort dann zwei Jahre auf die Zuzugsgenehmigung für den Westen warten müssen, wo inzwischen unser Vater Fuß gefaßt hatte.
Über die Vertreibung haben die Eltern nie gesprochen, sie haben sich nicht beschwert, von Unrecht war keine Rede bei uns. »Wir müssen wieder anfangen«, das war das einzige, was mein Vater dazu sagte. Und er hat wieder genäht und geflickt, und ich habe Strümpfe gestrickt und dafür etwas Milch oder Kartoffeln bekommen. So haben wir uns durchgebracht. Aber ich hatte wahnsinniges Heimweh nach Troppau. Noch viele Jahre später habe ich mich in manchen Straßen in München verlaufen, weil ich dachte, wenn ich jetzt um die Ecke gehe, bin ich in Troppau. Noch heute geht es mir manchmal so. Aber inzwischen habe ich es verkraftet und habe kein Heimweh mehr.
In der Heimat meines Mannes, in Schlesien, war ich. Aber nach Troppau will ich nicht. Ich würde wieder nur das heulende Elend bekommen, wie in den ersten Jahren. Und das soll ich auf meine alten Tage in mir hochkommen lassen? Heimat ist Heimat, da kann man sagen, was man will. Die Winkel und Ecken, die Leute, der Garten, die Wohnung und der Weg dorthin, die ganzen Erinnerungen – nein, ich fahre nicht.
Ich träume auch nicht mehr, und wenn, dann sind es keine beängstigenden Träume. Ich habe früher furchtbar viel geträumt, immer von der Flucht. Die Ostpreußen, die Rußlanddeutschen, die Siebenbürger – ich habe alle Flüchtlinge der Welt geträumt, als wäre es mir passiert. Aber jetzt träume ich nicht mehr.
Zu den Schlesier-Treffen gehe ich, zu den Troppauern nicht. Die Forderungen spielen da keine Rolle. Da gibt es ein paar

Hundert Berufsvertriebene, die ewig an dem gleichen Zeug herumreden. Das brauchen sie ja, die haben eine Position erworben, und die wollen sie jetzt halten. Aber bei unseren schlesischen Klassentreffen, wie wir sagen, wird über alles andere geredet, nur nicht über die Politik.
Nur in der letzten Zeit reden wir oft von den Leuten, die jetzt rauskommen und behaupten, Deutsche zu sein. Und wir sagen: Wer wirklich ein Deutscher war, der ist schon 1945 weggegangen. Das haben wir ja alle selber erfahren. Es ist ja kaum jemand drin geblieben, höchstens, wenn der Ehepartner Pole oder Tscheche war. Und jetzt sagen deren Kinder plötzlich, sie seien Deutsche. Aber das kann nicht stimmen. Von dem Ort, in dem mein Mann geboren wurde, ist kein Mensch drüben geblieben. Und jetzt behauptet die Frau von der Familie, die in das Haus meines Mannes reingesetzt wurde, sie sei eine Deutsche. Weil sie in Möbeln von Deutschen wohnt, ist sie noch lange keine Deutsche. Die Flüchtlinge haben nach dem Kriege geholfen, Deutschland aufzubauen. Sie haben fünfundzwanzig, dreißig Jahre gearbeitet, und mancher bekommt eine Rente von nur neunhundert Mark. Und dann kommt jemand aus Polen und kriegt gleich zweitausend. Das ist doch ungerecht von der Regierung! In Dachau mußten schon einige Familien aus den Sozialwohnungen ausziehen. Rein gekommen sind Leute, deren Name niemand in Deutschland aussprechen kann. Und sie behaupten, sie seien Deutsche. Aber das glaubt niemand.

»Ty jsi Němec« – Du bist halt ein Deutscher...
Der Warnsdorfer

Am Ende des Krieges war ich neun Jahre alt. Gleich in den ersten Tagen, nachdem die Russen Warnsdorf besetzten, hieß es: Die Deutschen müssen raus. Wir sind schon eine halbe Stunde mit unserem Leiterwägelchen zur deutschen Grenze unterwegs gewesen, als uns ein Soldat anhielt. Nachdem er feststellte, daß meine Mutter tschechischer Abstammung ist, schickte er uns wieder zurück. So sind wir wieder in unser Haus zurückgekehrt.
Ich meine heute, es wäre besser gewesen, wir hätten diese Trennung mit allem was dazugehört, mit Schmerz und Trauer, schon gleich damals hinter uns gebracht und wären nicht geblieben. Denn es begann für uns damit doch ein schweres Leben. Es fing damit an, daß wir aus unserer Wohnung raus mußten, aber im gleichen Haus bleiben durften, zu sechst hineingepfercht in eine sehr kleine Wohnung des Untermieters. Man hat eben den Zustand, entrechtet zu sein, auf Schritt und Tritt gemerkt. Ich habe nie den Schluß daraus gezogen, die Tschechen zu hassen, heute schon gar nicht, weil ich weiß, daß es verständliche Reaktionen gewesen sind, was man in der ersten Zeit mitgemacht hat, was sich an Szenen rundherum abgespielt hat.
Die gesamte Intelligenz des Ortes wurde auf Lastwagen zusammengetrieben, in den Keller der SNB* gebracht und dort zusammengeschlagen. Es hat kaum jemand überlebt. Mein Vater war auch auf einem der Laster, und sie wollten schon wegfahren. Wir vier Kinder standen vor der Tür und weinten, daraufhin haben ihn die Russen absteigen lassen. Er war

---
* Sbor národní bezpečnosti – Tschechoslowakische Polizei

zeitlebens sicher, daß wir ihm damit das Leben gerettet hatten. Solche Dinge gab es in der Anfangszeit mehrfach.
Ich bin etwa zweieinhalb Jahre in die tschechische Schule gegangen, nicht nur mit schlechten Erfahrungen. Ich war dort zum Schluß der einzige Deutsche und habe tschechisch besser gesprochen als deutsch. Zu Hause hat uns nur noch der Vater gezwungen, deutsch zu reden; wir Kinder untereinander haben tschechisch gesprochen. Auch mit der Mutter haben wir tschechisch gesprochen. Wir alle hatten auch tschechische Freunde, haben mit denen Streiche gemacht und alles mögliche. Aber irgendwo hatte die Freundschaft immer Grenzen. Wenn es zu Prügeleien gekommen ist oder sonstwas, wußte ich genau, ich darf nicht zurückschlagen. Es hat mir auch einer der Freunde gesagt: »Es bleibt dabei. Du bist halt ein Deutscher – ty jsi Němec.« Das war eben die schwierige psychische Situation, deren Folgen ich bis heute in manchem spüre. Ich habe das alles noch nicht ganz verarbeitet, weil es einfach zu lange bestand. Es war auch eine gewisse Vereinsamung da, dadurch, daß der Kontakt zu den tschechischen Gleichaltrigen spärlicher wurde, als meine engsten tschechischen Freunde eben noch bessere Freunde fanden. Gleichzeitig waren die Eltern so mit sich selbst beschäftigt – meine Mutter auch noch schwer krank –, daß wir nur wenig Rückhalt zu Hause hatten.
Mein Vater hatte von den Tschechen den Auftrag bekommen, die Stadtchronik – er war vor 1945 Bürgerschuldirektor, Stadtarchivar und Chronist gewesen – bis in die Gegenwart fortzuführen. Ich bin mir heute nicht sicher, wieweit er das auch gerne gemacht hat, weil er mit der Chronik verbunden war und es auch machen wollte. Jedenfalls war er den ganzen Tag weg, und die Mutter war krank.
Ich glaube, daß meine Mutter sich mehr als Deutsche gefühlt hatte. Die Großmutter war zwar Tschechin, sie stammte aus Zaháj bei Prag, hatte aber einen Österreicher geheiratet.

Meine Mutter hat in der Kindheit etwas Tschechisch gelernt, so daß es ihr keine Schwierigkeiten machte, es zu aktivieren; so konnte sie mit den Leuten tschechisch sprechen und brachte es auch uns bei. Eine vergleichbare Situation wie bei mir heute. Ich wäre sicher wieder sehr schnell in der tschechischen Sprache drin und hätte auch keine großen Probleme mit der Aussprache. Es ist irgendwo latent gespeichert. Ich müßte es mir nur wieder erschließen, es wäre ein Vorgang von sechs Wochen. Was da vergessen ist und was Verdrängungen sind, kann ich schwer beurteilen. Mein Vater konnte kein Tschechisch und war auch der Sperrigste von uns allen. Er war auch viel älter als meine Mutter, Jahrgang 1888. Zum Schluß konnte er sich verständigen, aber daß es ein sehr elegantes Tschechisch gewesen ist, glaube ich nicht. So ist es uns zweieinhalb Jahre gegangen, bis wir merkten, da ist keine Zukunft für uns. Wir wurden zwar geduldet, mehr aber nicht. Wir blieben Deutsche mit entsprechender Stigmatisierung. Deswegen haben wir uns bemüht, wegzugehen. Es war ein halb organisierter, halb schwarzer Transport, in den wir aufgenommen wurden. Wir konnten allerdings aufgrund der tschechischen Herkunft meiner Mutter mehr Sachen mitnehmen, sogar das Klavier. Mit diesem Transport sind wir in das erste Flüchtlingslager gekommen. Das war Selb. Dort sind wir entnazifiziert und entlaust worden und kamen in das nächste Flüchtlingslager in Hof. Von dort wollten wir zu Verwandten nach Österreich. Das nächste Flüchtlingslager war dann an der österreichischen Grenze, es kann Freilassing gewesen sein, ganz sicher bin ich mir allerdings nicht. Es ist das erste Mal, daß ich unseren Weg rekonstruiere. Jedenfalls lag es an der Donau. Danach kam eine längere Phase, die wir in Österreich verlebt haben und wo wir versuchten, dort Fuß zu fassen; zuerst auf einem Bauernhof in der Steiermark, wo unsere Verwandten Beziehungen hatten.

Wir haben aber schnell festgestellt, daß unsere finanziellen Mittel nicht ausreichten, um dort zu leben. So mußten wir vier Kinder für ein halbes Jahr auf die Verwandten aufgeteilt werden; nur die älteste Schwester durfte bei den Eltern bleiben, weil sie auf dem Bauernhof helfen und etwas dazuverdienen konnte. Ich bin zu Onkel und Tante nach Wien gekommen, die waren aber wenig kinderlieb. Es sind sehr ungute Erinnerungen, die ich an diese Zeit habe.
Etwa nach einem halben Jahr hatte mein Vater irgendeinen Job als Hilfsarbeiter gefunden. Wir sind wieder auf dem Bauernhof vereint worden und haben dort eine Weile gelebt. Ich bin dort auch in die Schule gegangen. Aber mein Vater hatte bald gemerkt, er darf es in Österreich nicht weiter als bis zum Hilfsarbeiter bringen. Es gab ein Gesetz, daß Vertriebene bestenfalls als Hilfsarbeiter Fuß fassen durften. So ist er vor uns in die Bundesrepublik gegangen, und zwar dorthin, wo er sich am ehesten Unterstützung erhofft hatte: zu Kunert nach Immenstadt im Allgäu, denn das war ursprünglich eine Warnsdorfer Fabrik. Es wurde zwar nichts bei Kunert, aber mein Vater hat dort einen kleinen Posten als Tankstellenwart gefunden und uns dann in die Bundesrepublik geholt. Das mußte wieder illegal geschehen.
Dann haben wir wieder ein bis eineinhalb Jahre im Flüchtlingslager gelebt, in Sonthofen. Aber dort war es relativ großzügig. Wir waren anfangs in großen Gemeinschaftsstuben untergebracht, später hatten wir im Flüchtlingslager zwei kleine Räume nur für unsere Familie. Das war schon eine Vorzugsbehandlung. Von dort aus bin ich schon ins Gymnasium gegangen. Als nächste Station – das war etwa Herbst 1950 – bekamen wir dann eine Sozialwohnung; damit war das Zigeunerleben zu Ende. Aber zwischen Herbst 1948 und 1950 war es im wesentlichen ein Lager- und Zigeunerleben. Aber es war doch leichter zu verkraften als die Entrechtung drüben.

Obwohl ich vermutlich als Kind vieles nicht ganz gemerkt und verstanden habe und auch heute keinen großen Groll verspüre, war immer dieses Gefühl da, du gibst dich einer Täuschung hin. Du glaubst einen Freund zu haben, aber wenn es ernst wird, läßt er dich spüren, daß du ein Deutscher bist. Ich hatte einen Freund, der hieß Žára; ihn habe ich sehr gemocht und sehr darunter gelitten, als er sich von mir abgewandt und dem Sohn des späteren »správce«* zugewandt hatte. Ich habe auch seine Eltern gern gehabt, sie hatten die Gärtnerei in der Nachbarschaft übernommen, und ich glaube, auch sie haben mich gemocht. Aber wenn es zu angespannten Situationen kam, habe ich es immer gespürt. Er sollte einmal seiner Mutter beim Abwasch helfen; ich habe gedrängt, wollte mit ihm weggehen, und da hat mich seine Mutter so rüde zusammengeschnauzt. Heute würde ich sagen, das hätte sie auch mit einem Tschechen in dieser Situation gemacht, aber damals habe ich es sofort auf mein Deutschtum bezogen. Genauso war es auch in der Schule. Wir hatten eine Lehrerin, sie hieß ironischerweise Löffelmannová, gab sich aber sehr national tschechisch. Sie hat einmal gefragt, was auf der tschechischen Kronenmünze abgebildet ist. Niemand wußte es. Ich habe mich gemeldet und sagte: »Karlův most« – die Karlsbrücke. Daraufhin bekam sie beinahe einen Tobsuchtsanfall und schrie: »Je to Němec, ale strčí vás všechny do kapsy. – Er ist ein Deutscher, aber er steckt euch alle in die Tasche.« Und ich merkte, daß Anerkennung von ihr da war, aber mit so viel Haß vermischt.
Es ist für mich heute schwer nachzuvollziehen. Vieles habe ich einfach mit der Naivität des Kindes erlebt, das Streiche machte und Freunde und erste tschechische Freundinnen hatte, wie die anderen auch. Um so unverständlicher waren dann diese Augenblicke, wo man aus dieser Naivität einer

---

* Verwalter

neuen Idylle herausfiel, weil einem gesagt wurde: »Du bist ein Deutscher.«
Diese vier, fünf Jahre, die ich in einer Situation leben mußte, mit der ich nicht zurechtkommen konnte, in der ich Gefühle wie Trauer und Aggressivität wegpacken mußte, führten schon zu schwerwiegenden Störungen der emotionalen Entwicklung, die ich bis heute spüre. Ich spüre sie in der Schwierigkeit, von manchem zu erzählen, aber auch an vielen anderen Stellen, wo es dann plötzlich durchbricht. So kann ich – das ist für mich als Literaturwissenschafter manchmal unangenehm – Texte, die von solchen Erfahrungen handeln, mit den Studenten nicht lesen. Da überwältigen mich die Gefühle, es geht nicht. Das sind eben psychische Traumatisierungen, die bei mir zurückgeblieben sind.
Was die Schule angeht, so habe ich allerdings durch diese vielen Umzüge nichts versäumt. Ich bin von der deutschen Volksschule in die tschechische übergewechselt; zum Schluß war ich dort der einzige Deutsche und Klassenprimus; das war ein Skandal. Ich bin noch in die erste Klasse der tschechischen Bürgerschule gegangen und dann in die österreichische Bürgerschule. Als wir ins Allgäu kamen, hat mein Vater durchgesetzt, daß alle meine Schuljahre addiert worden sind und ich dann probehalber in die Klasse aufgenommen wurde, in die ich altersmäßig gehört hätte. Das war die dritte Gymnasialklasse. Mir fehlte Mathematik und Englisch, ich mußte alles nachholen, aber es ging gut. Zuletzt gehörte ich zu den besten Schülern auf dem Gymnasium in Obersdorf.
Hier lernte ich auch meine Frau kennen. Zweifellos stellt die gemeinsame Heimat für uns ein Stück emotionaler Verbundenheit dar, aber es ist mit Sicherheit nicht der bestimmende Faktor gewesen, der uns zusammengeführt hat. Ich würde aber nicht ausschließen, daß es auch bei der Anbahnung der Beziehung eine Rolle gespielt hat, allerdings eher

unbewußt als bewußt, deswegen sind unsere Wege zuerst auch auseinandergegangen.
Wir können uns über unsere Vergangenheit natürlich ganz anders, mit viel mehr Verständnis, unterhalten, als wenn wir aus ganz unterschiedlichen Ecken Deutschlands stammten. Wir haben es zwar lange nicht getan, erst in den letzten Jahren ab und zu, weil ich gesehen habe, ich werde mit manchen Dingen nicht fertig. Da merkt man aber schon, daß wir in dieser Vorerfahrung eine gemeinsame Basis haben, die zu den emotionalen Fundamenten unserer Beziehung gehört. Und diese Basis ist vielleicht sogar größer, als man selber weiß.
Mein Vater hatte noch lange Zeit die Hoffnung, daß wir in die Heimat zurückkommen. Für ihn war natürlich dort alles auf eine ganz andere Art lebendig als für uns. Ich bin zu seinem Kummer nicht in die Fußstapfen der Heimatforschung getreten. Wir Kinder haben aber auch schnell das Gefühl aufgegeben, in die Heimat zurückkehren zu können, und auch dieses unmittelbare Leben in der Vergangenheit war für uns nicht nachvollziehbar.
Meine Eltern waren fest davon überzeugt, daß der »Eiserne Vorhang« etwas ganz Vorläufiges sei. Mein Vater hatte die Hälfte der Auflage der Chronik seiner Heimat zurückbehalten, damit nach der Öffnung des »Eisernen Vorhangs« auch die Sudetendeutschen, die drüben geblieben waren, sein Buch bekommen konnten. Sein Buch war auch für die Sudetendeutschen, die drüben geblieben waren, bestimmt. Das war sein ausdrücklicher Wunsch. Dazu muß ich allerdings sagen, daß mein Vater eine relativ große Distanz gehalten hatte zu den revanchistischen Tendenzen, die es unter den Heimatvertriebenen auch gegeben hat. Er stand sicherlich den Vertriebenen-Verbänden näher als wir, trotzdem hat er selber nie mitgemacht.
Ich kann mich auch nicht erinnern, daß mein Vater sehr ge-

hässig von den Tschechen gesprochen hätte. Ich weiß, daß es von ihm zwei Aufsätze gab, in denen er die Zustände nach dem Kriege beschrieben hatte. Sicherlich hat er nicht freundlich von den Verwaltern gesprochen, die bei uns waren. Das waren aber auch keine angenehmen Leute. Aber ansonsten gehörte für ihn zu der Vorstellung, einmal in die Heimat zurückzukehren, auch die Erinnerung daran, wie die Deutschen und Tschechen über eine so lange Zeit friedlich zusammengelebt haben.
Es war am Anfang und Jahre hindurch eine romantische Hoffnung, glaube ich, daß das politische System, das sich nach dem Zweiten Weltkrieg herausgebildet hat, etwas Vorläufiges sei und sich überleben würde. Und dahinter wieder die alten Strukturen zum Vorschein kommen und dann auch die Rückkehr in die alte Heimat möglich sein würde. Der Prozeß der Ablösung ist dann über mehrere Phasen gelaufen. Eine der ersten war sicher die, daß die Teile dieser romantischen Hoffnung zwar geblieben sind, aber die Verwurzelung in der neuen Welt, das Leben in der Gegenwart stärker wurde, daß man auch genau gewußt hat: Selbst wenn in diesem Moment jemand sagen würde, »die Grenze ist auf, Sie können zurückkehren«, in Wirklichkeit kaum jemand gegangen wäre.
Bei meinem Vater kann ich mir allerdings durchaus vorstellen, daß er eine Zeitlang bereit gewesen wäre, in die Schule zurückzugehen; also auch beruflich die Konsequenz zu ziehen, wenn man ihm gesagt hätte, du kannst in dein Haus, du kannst in die Schule, selbst wenn es eine zweisprachige Schule gewesen wäre.
Ich weiß nicht, was mein Vater alles wußte, wie weit er Informationen hatte von den Konzentrationslagern und allen diesen Dingen. Ich weiß aber, daß er, obwohl man ihm nahegelegt hatte, der SA beizutreten, es nicht gemacht hat; ich glaube, er ist nicht einmal der Partei beigetreten und hat mit-

unter den Hitlergruß verweigert. Er hatte also eine sehr deutliche Distanz zum Regime, mußte aber als Bürgerschuldirektor wiederum aufpassen, um nicht in Ungnade zu fallen. Als einen Mitmacher habe ich ihn nie erlebt, auch in dem, was er gesagt hat.
Jedenfalls war bei meinem Vater der Gedanke an die Rückkehr im wesentlichen von der Sehnsucht nach dem Alten getragen. Die europäischen Hoffnungen, wie ich es formulieren würde, die waren ihm natürlich fremd. Bei uns sind dann zwei Dinge anders gelaufen. Wir schlugen hier im Westen Wurzeln, so daß ein Zurück undenkbar gewesen wäre. Auf der anderen Seite waren wir durchaus bereit, die Entwicklung in der Tschechoslowakei als einen wichtigen Bestandteil der europäischen Entwicklung zu sehen, die Tschechoslowakei, wenn man es so sagen will, als Bestandteil einer universellen europäischen Heimat zu akzeptieren. Insofern habe ich schon ein besonderes Interesse an der Tschechoslowakei, das sich allerdings auf weiten Strecken ablöst von dem Gefühl, ich bin dort geboren.
Ich habe jetzt zu meinem fünfzigsten Geburtstag von der Familie einen Film geschenkt bekommen, der gedreht wurde, als ich etwa vier Jahre alt war. Es ist darauf das Vaterhaus und die ganze Umgebung zu sehen. Es ist sehr schön, und man erlebt es wieder, wie es in der Kindheit einmal war. Aber die andere Seite, wie es heute ist – und wie es für uns ist –, die steht noch aus. Das muß als abschließender Akt noch kommen.
Mein Vater ist schon seit 1964 tot, aber keiner von meinen Geschwistern und auch nicht meine Mutter waren wieder drüben. Einzig und allein Leute aus der weiteren Verwandtschaft sind da gewesen und haben uns auch ein Bild von unserem Vaterhaus, wie es heute aussieht, geschickt. Wir Geschwister haben uns auch über die Zeit nur selten unterhalten; auch mit meiner Mutter habe ich kaum je darüber ge-

sprochen. Erst jetzt, nachdem wir uns bewußter damit auseinandersetzen, sind wir so weit, daß wir uns sagen: Jetzt tun wir es und fahren rüber. Ich bin fest entschlossen, es zu tun. Es hat überhaupt sehr lange gedauert, bis ich in eine bewußte Auseinandersetzung mit dieser Zeit eingetreten bin, als ich gemerkt habe, da liegen Hunde begraben, mit denen es sich unbequem lebt. Ich stehe dem heute sicherlich ganz anders – gelassener und wissender – gegenüber. Aber selbst heute hat die Erinnerung ihre bedrängenden Seiten. Es ist einfach noch nicht zu einer ganz ruhigen Vergangenheit geworden.

Hier gehörst du nicht hin, zurück kannst du nicht...
Die Budweiserin I

Unsere Familie war in Budweis seit Jahrhunderten ansässig und spielte auch in der Geschichte der Stadt eine Rolle. Mein Urgroßvater zum Beispiel ließ als Bürgermeister 1881 die erste Trinkwasserleitung bauen. Er war Handwerksmeister, Schlosser. Mein Großvater profitierte dann von der zunehmenden Industrialisierung und gründete um die Jahrhundertwende eine Metallwarenfabrik. Wie es zu der Zeit üblich war, wurde der Fabrik ein mehrstöckiges Wohnhaus angegliedert, in dem die ganze Familie mit vielen Anverwandten lebte. In diesem Haus bin ich 1940 geboren.
Mit meinen Erinnerungen an Budweis habe ich Schwierigkeiten. Ich bin mir nie ganz sicher, welche meine eigenen sind und welche aus den Erzählungen meiner Eltern stammen. Aber ich habe doch ein paar sehr konkrete Bilder im Kopf: das bürgerliche Ambiente des Hauses, die Einrichtung unserer Wohnung, meine Mutter in bestimmten Kleidern, den Garten, der eine große Rolle im Familienleben spielte, vor allem aber das Gefühl, fest in eine große Familie eingebunden zu sein; ein Haus, in dem es von Kindern wimmelte, wo es Kommunikation rauf und runter gab, einfach ein warmes Nest. In der ersten Zeit nach der Flucht hat mir die Erinnerung an die Geborgenheit dort geholfen.
Diese heile Welt endete abrupt im Frühjahr 1945. Wir flüchteten vor der nahenden Front aus Budweis aufs Land, nach Deutsch-Beneschau, unserer alljährlichen Sommerfrische. Da mein Vater und inzwischen auch mein ältester Bruder zur deutschen Wehrmacht eingezogen waren, waren mein jüngerer Bruder und ich mit meiner Mutter allein. Jetzt gab

es für mich ganz andere Erlebnisse und Bilder: Die flüchtenden Soldaten, die alles mögliche zurückließen, die Leiche des hingerichteten deutschen Deserteurs, die tagelang auf dem Beneschauer Marktplatz hing und mich noch jahrelang in den Träumen verfolgte, die Ankunft der Russen, die Angst der Frauen. Einige Nächte haben wir damals auf dem Boden einer abgelegenen Mühle mit vielen Frauen verbracht.
Meiner Mutter ist es dann gelungen, uns in einen Aussiedlertransport mit Österreichern hineinzuschieben. Sonst wären wir in ein Internierungslager nach Budweis gekommen. Später erfuhren wir, daß es dort ziemlich schlimm zugegangen sein muß, Ausschreitungen der Tschechen gegen die Deutschen. Und diese Erfahrung blieb uns, wie die Mutter immer betonte, durch ihre List erspart. Zu dritt saßen wir statt dessen im Bremserhäuschen eines Viehwaggons Richtung Wien, in ständiger Angst, jemand von uns würde einschlafen und runterfallen. So verließen wir im Sommer 1945 Böhmen.
Die Cousine meines Vaters in Wien, die wir uns als Anlaufstation gedacht hatten, war natürlich nicht sonderlich begeistert, als die armen, beziehungsweise verarmten Verwandten vor der Tür standen. Außerdem hatte sie schon andere Leute in ihrem Haus aufgenommen. Ob sie uns doch materiell geholfen hat, ist mir nicht bekannt. Ich weiß nur, daß meine Mutter recht bald eine Putzstelle bekam, was uns ein Minimum an Verpflegung garantierte.
Als Kind fand ich die neue Umgebung und diese ganz andere, anarchische Welt sehr aufregend. Mein Bruder ging nicht in die Schule. Er paßte auf mich auf und schleppte mich fast täglich in die schlimmsten amerikanischen Kriegsfilme. Sie allein lieferten genug Stoff für meine Alpträume. Aber der Mangel, die Unsicherheit, die Erfahrung, bei der Tante nicht willkommen, sondern nur geduldet zu sein, haben in mir Spuren hinterlassen; etwa das Gefühl ständiger Bedrohung und Entwurzelung. Und in diesem Sinn kamen

wir auch gar nicht mehr zur Ruhe. Ich kann mich auch nicht erinnern, daß die Mutter mit uns über unsere Situation gesprochen, uns etwas erklärt hätte. Aber das war zu dieser Zeit Kindern gegenüber wohl nicht üblich.

Weil wir als »Reichsdeutsche« keine Lebensmittelkarten bekamen, meinte meine Mutter, schlechter könne es uns sowieso nicht gehen, und hat uns zu einem Transport nach Deutschland angemeldet. So kamen wir in ein Lager nach Wegscheid bei Bad Orb in Hessen, und nach einem kurzen Aufenthalt dort wurden wir Flüchtlinge in ein Dorf gebracht und auf die einzelnen Bauernhäuser verteilt. Der Vogelsberg war – wenigstens damals – eine ganz arme Gegend. Die Bauernhäuser bestanden nur aus einer Stube, einer Wohnküche und ein paar unbeheizten Schlafkammern unter dem Dach. In dieses eine Wohnzimmer wurden jetzt die Flüchtlinge einquartiert. So wie die Bauern eingestellt waren, haben sie es einfach hingenommen oder waren sogar freundlich, weil sie sahen, daß die, die da kamen, noch ärmer waren. Einige waren natürlich auch bösartig. Aber wir hatten ziemliches Glück.

In den nächsten sieben Jahren zogen wir insgesamt viermal innerhalb des Dorfes um. Erst dann bekamen wir zwei Zimmer in einem halb verfallenen Bauernhaus, fließendes Wasser auf dem Flur, alles schrecklich primitiv.

Diese Einquartierungen waren eigentlich nur als Provisorium gedacht, und man hatte erwartet, daß die Flüchtlinge recht bald wieder gehen, sich irgendwo selber Arbeit und Wohnung suchen würden. Bei den meisten war das ja auch der Fall. Aber meine Mutter hatte keinen Beruf, war schon fünfundvierzig Jahre alt. So ist dieses Flüchtlingsdasein bei uns zu einem Dauerzustand geworden. Wir sind im Ort geblieben, weil meine Mutter einfach nicht wußte, wohin sie gehen und was sie machen sollte. Sie hat bei der Ernte geholfen – das fand sie als Städterin furchtbar – und bezog eine

Art Sozialhilfe. Wir galten als arme Leute, und ich erinnere mich an entwürdigende Szenen. Abends kamen oft die Wirtsleute zu uns ins Zimmer und boten sehr ehrlich und herzlich an: »Wir haben Kartoffelsalat übrig. Bevor wir es den Säuen geben, wollen Sie es nicht haben?« Meine Mutter empfand es als entsetzlich, daß wir sozusagen vor den Säuen rangierten, aber was blieb ihr übrig? Sie nahm es an.

Meine Mutter fühlte sich unter den Vogelsberger Bauern natürlich als etwas Besseres. Aber sie hatte keine Perspektive für die Zukunft, und so flüchtete sie sich in die Vergangenheit, in die Erinnerungen an die Herrlichkeiten ihres früheren Lebens. Sie erzählte uns, was für eine feine Familie wir in Budweis gewesen waren, in welchem Wohlstand und Reichtum wir gelebt hatten, wie kostbar ihre Garderobe und ihr Schmuck waren und wie viele »Mädels« – so nannten wir die Hausangestellten – sie gehabt hatte.

Das gleiche erzählte sie auch den Bauern. Die glaubten es ihr aber wohl nicht. Sie hatte ja keinen Beweis dafür, nicht einmal ein Foto. Sie prägte uns einfach ein, daß das Chaos und Provisorium, in dem wir lebten, etwas Vorübergehendes sei und wir in diese Umgebung nicht hineingehören.

Als grotesk empfinde ich es heute, daß eines unserer ehemaligen »Mädels«, Franzi Halaczek, die nach dem Krieg als Arbeiterin irgendwo im Allgäu Fuß faßte und für die damalige Zeit ein gutes Einkommen hatte, uns lange unterstützte. Ich weiß, daß sie uns Päckchen schickte und mir z. B. die ganze Ausstattung für die Erste Kommunion, den Kleiderstoff, das Täschchen, einfach alles schenkte.

1947 wurde mein Vater aufgrund einer Verletzung vorzeitig aus der russischen Kriegsgefangenschaft entlassen. Er war in Budweis Rechtsanwalt und Notar gewesen, hatte den Ersten Weltkrieg als österreichischer Soldat mitgemacht, und sicherlich fühlte er sich – wie auch meine ganze Familie – seiner Herkunft nach als Bürger der Donaumonarchie. Studiert

hatte er an der deutschen Universität in Prag. In seine Praxis kamen deutsche und tschechische Klienten. Er sprach auch fließend tschechisch. Aufgrund verschiedener Äußerungen nahm ich an, daß er sicher kein großer Nazi, aber doch ein Mitläufer gewesen war. Nach seinem Tod fand ich Briefe und Dokumente, aus denen hervorging, daß er eher ein apolitischer Mensch mit einer gewissen Naivität gewesen war. So führte er z. B. seine Praxis zusammen mit einem jüdischen Kompagnon, und das bis zum März 1939! Und er vertrat vor Gericht Tschechen gegen Deutsche und bekam dadurch die größten Schwierigkeiten mit den Nazis. Nach dem Krieg vertrat er hier als Gerichtsdolmetscher wiederum viele Tschechen.
Die soziale Deklassierung unserer Familie wurde komplettiert durch die Scheidung meiner Eltern – sozusagen im zweiten Anlauf. Die Ehe war noch vor dem Ende des Krieges geschieden worden, aber da die Papiere zurückgeblieben oder verloren gegangen waren, mußte die ganze Prozedur wiederholt werden. Meine Mutter war nach damaligem Recht der schuldige Teil und empfand die Scheidung als demütigend – zu allem anderen. Deshalb hat sie sie auch sehr lange vor ihrer Umgebung, aber auch vor uns Kindern geheimzuhalten versucht. Ich erinnere mich, wie ich später darunter gelitten habe, wenn in der Schule einmal im Jahr die sozialen Daten abgefragt wurden. Ein uneheliches Mädchen und ich waren am schlimmsten dran in der Klasse. Ich mußte immer sagen: Eltern geschieden, und sie: Vater unbekannt.
Als mein Vater 1947 bei uns auftauchte, war er für mich ein fremder Mann. Er war aber sehr lieb zu mir, so daß sich zwischen uns doch eine starke Bindung entwickelte. Nach kurzer Zeit zog er dann nach Frankfurt. Er mußte wieder ganz von vorn anfangen. Er war kein Mensch, der mit Bedauern zurückblickte, sondern immer weiterging. Daß er gelegentlich auch an eine Rückkehr nach Budweis dachte, will

ich gar nicht ausschließen. Das hat ihn aber nicht daran gehindert, den Blick nach vorne zu richten. Er hat sofort in einer Zweizimmerwohnung seine Anwaltspraxis eröffnet, und 1952 hat er wieder geheiratet. Aber den Bruch in seinem Leben konnte er auch nicht mehr ganz aufholen. Der angesehene Budweiser Anwalt mit seiner großen Klientel war er nicht mehr. Nach seinem Tode erfuhr ich von meiner Stiefmutter, wie stark er am Anfang unter der Entwurzelung gelitten hatte.

Wenn man in einer Umgebung lebt, wo das Notwendigste fehlt, gleichzeitig aber ständig von dem früheren häuslichen Ambiente erzählt bekommt, der tollen Einrichtung und dem Rosenthal-Geschirr, dann ist es für ein Kind schon beeindruckend. Mir fiel aber sehr früh der Widerspruch auf: Mag es auch schön gewesen sein, es hilft mir jetzt gar nicht, ganz im Gegenteil, es macht eigentlich meine Misere nur noch deutlicher. Richtiger hätte ich es empfunden, wenn meine Mutter gesagt hätte: »Schade drum, jetzt müssen wir aber zusehen, daß es uns wieder besser geht.« So habe ich ziemlich bald begriffen, daß ich mich aus dieser Umgebung lösen mußte, sonst würde sie mich ganz herunterziehen. Es tat mir zwar leid, daß meine Mutter in dem Rückblick gefangen blieb. Ich konnte es aber nicht mehr ertragen, wie jedes Gespräch in das Lob der Vergangenheit mündete, ebensowenig das ewige Nörgeln über die Situation in Hessen und die Menschen, die uns schließlich aufgenommen hatten. Ich wollte einfach raus. Mit sechzehn Jahren zog ich zu meinem Vater nach Frankfurt.

Als ich dort zwei, drei Jahre später durch meinen Beruf die ersten Bücher über den Nationalsozialismus in die Hand bekam, war es für mich wie eine Offenbarung. Ich begann die politischen Zusammenhänge zu begreifen. Ich erfuhr zum erstenmal, daß die Vertreibung kein Versehen war und es keine Rückkehr mehr geben würde. Ich begann, meinen Eltern zu widersprechen, begegnete ihren Ansichten mit einem gewissen Trotz, lehnte es schließlich ab, mich mit unserer Vergangenheit, mit unserer Geschichte zu beschäftigen. Ich wollte über unser früheres Leben nichts mehr hören und auch mit der Familie und der ganzen Familiengeschichte nichts mehr zu tun haben. Ich wurde darin auch dadurch bestärkt, daß ich bei gelegentlichen Familienkontakten meine Verwandten als politisch ziemlich rechts, wenn nicht gar reaktionär empfand.

Mein Vater hatte mich gelegentlich auch zu den Heimattreffen der Sudetendeutschen mitgenommen. Ich fand sie ziemlich greulich. Aber manche Familienmitglieder und auch Cousinen und Cousins in meinem Alter nahmen daran teil – und tun es teilweise auch heute noch. Ich fand es schlimm, daß dort in der Regel nichts anderes stattfand als das Jammern über erlittenes Unrecht, ohne jegliche Reflexion, ohne nach Gründen und Ursachen zu fragen. Es hat mich auch verstört, als meine Cousine mir schilderte, wie sie vor unserem ehemaligen Haus in Budweis gestanden und geweint habe und dabei so richtig zornig geworden sei. Ich sage damit natürlich nicht, daß ich die Vertreibung von Menschen aus ihrer Heimat für gut halte, und ich bedauere auch, daß uns das Haus nicht mehr gehört. Aber ich versuche mir klar zu machen, warum wir es verloren haben. Daß letztlich wir die Opfer und Betroffenen waren, ist eine Sache. Ich habe aber immer versucht, die Vertreibung im politischen Kontext zu sehen.

Ich habe nicht geweint, als ich vor drei Jahren zum erstenmal in Budweis, in České Budějovice, war. Ich frage mich, was mich im Alter von 46 Jahren da hingetrieben hat, zugleich aber auch, warum ich so lange gewartet habe mit meinem Besuch. Vielleicht weil ich die Widersprüche nicht auflösen konnte, die Aura, die sich in der Familie um die Budweiser Heimat ausgebreitet hat: diesen Jammerton, die Neigung zum Selbstbedauern auf der einen Seite; die angelesenen historischen Realitäten auf der anderen. Vielleicht habe ich es deswegen so lange aufgeschoben, um nicht in die kleinste Gefahr zu kommen, nur aus sentimentalen Gründen hinzufahren. Ich will aber nicht ausschließen, daß doch auch Gefühle mit im Spiel waren.

Die Reise in die Vergangenheit begann abenteuerlich. Auf einem mehrtägigen Betriebsausflug nach Prag sonderten wir uns ab – wir: das war ein Kollege, der ebenfalls auf der Suche nach seiner Vergangenheit war, und ich. Wir mieteten ein Taxi und fuhren nach Budweis. Der Taxifahrer war ein Mann in meinem Alter. Ich überlegte, was er sich so denken mochte. Er sprach nicht gut deutsch, hat aber wohl mitbekommen, daß wir Deutsche sind, die dorthin zurückkehren wollten, von wo sie 1945 weggegangen waren. Er hat sich normal verhalten, hat nicht ausgespuckt, uns Deutsche nicht beschimpft. Ich weiß nicht, was ich mir vorgestellt habe. Sehr wahrscheinlich habe ich erwartet, daß so etwas passiert. Aber es passierte gar nichts. Es waren schließlich vierzig Jahre seither vergangen.

Vor Budweis tauchte dann das Schloß Frauenburg auf, ein Ort, an den ich eine Erinnerung hatte: Dorthin habe ich mit meinem Vater, es mußte 1944 gewesen sein, einen Ausflug gemacht, und ich war sehr stolz auf ihn in seiner Uniform. Jetzt, vierzig Jahre später, war auf einmal dieses Schloß wieder da, und ich dachte, da warst du mal, und es war eine gute Zeit. Und da bemerkte ich, daß doch starke Gefühle wieder wach wurden.

Ähnlich ging es mir auch in Budweis selbst. Die Optik war etwas verschoben, aber es war alles da, nur viel kleiner als in der Erinnerung. Der Weg von unserem Haus in die Altstadt war für das vierjährige Kind damals eine kleine Weltreise, jetzt waren es ein paar Minuten. Die Straßenführung, das Stadtbild haben sich nicht sehr geändert. Nur der Platz vor

unserem Haus ist umgebildet worden, und den Garten gibt es auch nicht mehr. Aber die Brücke über den Fluß war noch da und das Gebäude, das wir »Deutsches Haus« nannten, Spuren, die ich in meiner Erinnerung hatte, eingegraben durch die Erzählungen meiner Eltern, und die ich jetzt in einer neuen Realität wiederfand. Und ich hatte das Gefühl, meine Vergangenheit wieder zu haben.
Seitdem geht es mir besser. Ich hatte schon geglaubt, am Beginn meiner Biographie fehle etwas. Es sollte eben dazugehören, daß ich auch den Ort sehe und aufnehme, an dem sich die ersten Jahre meines Lebens abspielten. Zunächst war ich verwirrt. Dann wurde mir bewußt: es ist nicht nur die Geographie, und doch ist sie so entscheidend. Dort zu stehen, wo sich in jeder Erinnerung, in jedem Gespräch, in jeder Erzählung der Familie die Geschichte, das Leben eben dieser Familie konkretisiert: vor dem großen alten Haus. Und zu wissen und zu akzeptieren, daß dort nun andere Menschen wohnen. Ich habe schlagartig begriffen, wie sehr mir das gefehlt hat.
Früher hatte ich Schwierigkeiten zu sagen, woher ich komme. Ich habe immer versucht, es im Unklaren zu lassen. Sagte ich, ich stamme aus Budweis, wußte kein Mensch, wo das lag; zu sagen, ich komme aus Böhmen, wäre mir revanchistisch vorgekommen; zu sagen, ich stamme aus der Tschechoslowakei, hätte bedeutet, ich bin keine Deutsche. Ich habe meistens meinen Geburtsort unterschlagen und gesagt: »Ich bin in Hessen aufgewachsen.« »Das hört man aber nicht an Ihrer Sprache«, sagten dann viele. »Ich habe lange in München gelebt«, wich ich aus, »und daher spreche ich so.« Aber ich glaube, dieser österreichisch-süddeutsche Akzent kommt eher von den Eltern, und ich habe ihn wohl aus Sympathie angenommen.
Ich habe schon ein Gefühl der Vertrautheit, wenn jemand mit diesem österreichisch-böhmischen Tonfall spricht. Ich

habe eine sehr gute Freundin, die stammt auch aus Böhmen, und wenn wir miteinander sprechen, sagen wir manchmal einige Sätze im Dialekt und finden das immer sehr schön und heimelig. Und genauso liebe ich es, wenn meine Mutter in ihrer Warnsdorfer Mundart loslegt oder mein Vater gelegentlich einige Sätze Tschechisch sprach. Ich habe ihm gerne zugehört, ohne etwas zu verstehen.

Ich denke manchmal darüber nach, wie mein Leben wohl verlaufen wäre, wenn es diesen Bruch 1945 nicht gegeben hätte. Ob ich mich von den konventionellen Anforderungen an ein junges Mädchen innerhalb des Budweiser Familienclans hätte freimachen können, weiß ich nicht. Sehr wahrscheinlich hätte ich doch passiver reagiert, und wahrscheinlich wäre ich den Weg gegangen, der für ein Mädchen meiner Schicht vorgezeichnet war: Heiraten, Kinderkriegen, Hausfrau und Mutter sein. Die Entwurzelung hat in mir viel Kraft mobilisiert. Ich wollte raus aus der dürftigen Enge des Provisoriums, ich wollte die reaktionäre Vergangenheitsbetrachtung abschütteln. Ich wollte, daß es mir gut geht, auch materiell. Ich wollte mich durchsetzen, einen Beruf haben, der mir Sozialprestige brachte. Das ist mir alles auch gelungen. So meine ich, daß es letztlich positiv war für mich. Es macht den Bruch in meiner Biographie zwar nicht ungeschehen, inzwischen kann ich aber damit leben.

Die Religion war unsere Heimat...
Der Schmiedshauer

Ich bin 1934 in Schmiedshau, heute Tužina, im Kreis Priewitz/Priewidza, in der Slowakei geboren. Unser Ort hatte damals dreitausendfünfhundert Einwohner, davon waren siebenundneunzig Prozent Deutsche. Heute hat er meines Wissens fünfhundert, davon sind vielleicht hundertfünfzig Deutsche, die dort aber auch bleiben wollen. Die letzten, die weg wollten, sind 1968 rausgegangen. Das waren auch etwa hundertfünfzig Menschen.

Meine Eltern waren von Hause aus Bauern und sind nebenbei noch arbeiten gegangen, so wie es in den deutschen Orten seinerzeit üblich war. Ich kann mich noch erinnern, daß mein Vater in Kaschau* gewesen war und im Sudetenland. Auch meine Geschwister – wir waren zu Hause zehn Kinder – haben im Sommer im Sudetenland, aber auch in Deutschland gearbeitet. Die Schmiedshauer sind bis ins Ruhrgebiet arbeiten gegangen, und sie sollen auch an der Stuttgarter Oper gearbeitet haben.

Ich kann mich noch gut erinnern, als es 1944 hieß, die Kinder sollen durch die Kinderlandverschickung in Ferienlager kommen. Wir Kinder haben uns davor nicht gefürchtet, sondern uns darauf gefreut. Es wurde uns auch gesagt, es wird sehr schön sein, und die Eltern bleiben zu Hause. Im Dezember 1944 sind wir in schönen Zügen ins Sudetenland gefahren. Zuerst waren wir im Adlergebirge, als aber die Front näher kam, wurden wir weiter in den Westen verlegt, in die Gegend von Aussig. Dort sind dann einige von ihren Eltern abgeholt worden. Ich bin zu meiner Schwester gegangen, die damals in der Nähe von Leitmeritz in einer Gärtnerei gearbeitet hat. Dort haben wir auch das Ende des Krieges erlebt.

* Stadt in der Ostslowakei

An etwas Böses kann ich mich nicht erinnern. Meine Schwester und ich waren mit den anderen Arbeiterinnen in einem großen Schlafraum untergebracht, und es hieß immer, die Mädchen sollen sich tagsüber gar nicht sehen lassen, es könne ihnen etwas Schlimmes passieren. Wir haben auch das Licht in unserem Raum nicht angemacht, und es ist uns nichts passiert. Es war eine große Gärtnerei, der Besitzer hieß Vlček. Meine Schwester und die anderen Mädchen haben dort schon vor dem Umsturz bei einem Deutschen gearbeitet. Nach dem Krieg hatte den Betrieb ein Tscheche übernommen, den Deutschen aber toleriert und dort auch wohnen lassen. Es waren sehr nette Menschen, diese Tschechen. Im Sommer 1945 sind wir dann nach Schmiedshau zurückgegangen, haben meine Eltern aber dort nicht mehr gefunden. Sie mußten das Dorf schon im Februar 1945 räumen, als die Front näherrückte. Wir sind dann mit den anderen Deutschen, diesmal in Viehwaggons, nach Mecklenburg gebracht worden. Dort haben wir auch erfahren, daß die Eltern bei Kufstein in Österreich untergekommen sind. Es war ja so, daß jeder Schmiedshauer irgendeine Adresse kannte, wo der Bruder oder Vater früher gearbeitet hatte. Dorthin haben sie sich dann gewandt, als das Dorf im Februar 1945 evakuiert wurde. Bei dem Unternehmer Wendelin bei Kufstein haben mehrere Schmiedshauer Arbeit gefunden und Unterkunft in schnell gebauten Holzhäusern. Es war für beide Seiten vorteilhaft: Der Unternehmer hatte Arbeiter und meine Eltern ihr Auskommen. Aber im Sommer 1945 waren sie auch dort nicht mehr. Sie mußten gleich nach dem Zusammenbruch Österreich wieder verlassen, weil die Österreicher die Deutschen auch nicht haben wollten. Inzwischen waren sie in Gerolfingen in Mittelfranken gelandet, mit anderen neun Schmiedshauer Familien. Meine Schwester und ich sind im November 1945 zu ihnen gestoßen.
Ich bin in Gerolfingen in die Volksschule gegangen. Mit

zwölf bin ich Fußballeiter geworden und mit vierzehn Pfadfinderführer, was in dem Dorf schon »Weltgeltung« bedeutete. Ich habe keine Ablehnung, keine Diskriminierung gespürt, es war für mich eine sehr schöne Kindheit. Es mag auch daran liegen, daß ich aktiv war und wohl auch nicht dumm, jedenfalls habe ich mich schnell integriert. Meine Eltern und Geschwister haben oft zu mir gesagt: »Merkst du denn nicht, daß sie uns nicht so mögen?« »Das gibt es doch nicht, daß sie euch nicht mögen«, antwortete ich immer. »Ihr seid doch so fleißig und macht alles so gut.« So war es. Ich glaube, meine Eltern hatten auch keine so großen Probleme. Aber es war eben so, daß die Schmiedshauer ihre eigene Mundart hatten und meine Mutter vorher über Schmiedshau nie hinaus gekommen war. Jetzt sollte sie plötzlich eine andere Mundart verstehen und auch selbst verstanden werden.

Und dann: Meine Eltern hatten zu Hause ihre eigenen Kühe, zwanzig bis dreißig Schafe und ein Schwein, und jetzt mußten sie für fremder Leute Rinder, fremder Leute Ochsen und fremder Leute Schafe den Mist rausschaufeln. Das sollte jetzt mein Vater alles tun, er war schon über sechzig. Die Gerolfinger waren kleine Landwirte wie die Schmiedshauer, und jetzt kamen die Schmiedshauer in die Häuser der Gerolfinger und haben dort als Knechte gearbeitet. Das war bitter. Sicherlich kam am Anfang dazu auch das Fragen: Wieso können wir nicht zurück? Warum mußten wir weg, warum hat man uns alles genommen und nichts dafür gegeben? Und es war eben diese Bitternis des Nicht-einsehen-wollens, die Spannungen und Unebenheiten hatte bringen können. Aber ich habe meine Eltern nie klagen hören.

Die größte Hilfe für sie war, daß sie auch in Gerolfingen jeden Sonntag in die Kirche gehen konnten. Sie waren in der Religion beheimatet, und nun konnten sie ihr »Maria zu lieben, ist allzeit mein Sinn« oder »Wohin soll ich mich wen-

den« genauso wie in Schmiedshau singen, und das hat sie, glaube ich, letztlich am Leben erhalten. Das verdanken wir der evangelischen Kirche dort. Denn sie hat uns nicht nur aufgenommen, sondern gerne aufgenommen, und sie hat auch den katholischen Priester im evangelischen Pfarrhaus beherbergt. Wir durften in der evangelischen Kirche unseren Gottesdienst abhalten, unsere katholischen Lieder singen und unsere Messe mit Ministranten feiern wie zu Hause. Und das hat uns geholfen, die Fremde zu überwinden.
In den vier Orten, die heute zu Gerolfingen gehören, war, bevor die Vertriebenen kamen, kein einziger Katholik, und plötzlich waren vierhundert Vertriebene da, davon dreihundert katholisch.
Aber es ging noch weiter. Auch in der Schule war der Lehrer bemüht, solche Lieder auszusuchen, die die katholischen und evangelischen Kinder gemeinsam singen konnten. Das »Lobe den Herrn« habe ich in bester Erinnerung und alle die schönen Weihnachtslieder. Das hat uns wiederum gelockt, im evangelischen Jugendchor mitzusingen, und manchmal haben wir auch die evangelischen Gottesdienste besucht und dort gesungen.
Ich glaube, es wäre auch besser gewesen, wir hätten keine eigene Kirche gebaut und wären weiter in der evangelischen mit unserem Gottesdienst geblieben. Zwei meiner Brüder haben in dem Ort geheiratet und sich sogar evangelisch trauen lassen. Man hat sich eben so toleriert, daß die Hochzeiten zustande gekommen sind.
In den beiden Büchern über Schmiedshau haben wir auch unseren Dank dafür zum Ausdruck gebracht. Wir haben sie den Gerolfingern feierlich überreicht und bei dieser Gelegenheit allen, die unsere Eltern vor vierzig Jahren aufgenommen haben, Geschenke mitgebracht und auch daran erinnert, daß wir ihre Kirche für unseren Gottesdienst benutzen durften. Und die Menschen haben geweint vor Freude, daß

die nachfolgende Generation es noch weiß. Als Gerolfingen sein achthundertjähriges Jubiläum feierte, haben sie wiederum uns gebeten, an dem Trachtenzug mitzuwirken. Das haben wir auch getan, und seitdem hängt das Trachtenbild von Schmiedshau im Rathaus in Gerolfingen.

In Schmiedshau hatte man die Trachten bis 1944 zu festlichen Anlässen, zu Hochzeiten, Taufen oder Trauerfeierlichkeiten getragen. Es gab dort vielleicht fünfzig Trachten. Und heute haben wir hier über hundert Schmiedshauer Trachten. Man kann sagen, die Schmiedshauer Tracht erlebt wahrscheinlich heute ihre Hochblüte.

Es ist mir ein großes Anliegen, die Kulturgüter meiner alten Heimat hier zu integrieren. Ich bin seit zwanzig Jahren im Gemeinderat, und keiner fragt, ob ich ein Vertriebener bin oder nicht.

Seitdem wir in diesem Ort wohnen, finden auch die Schmiedshauer Treffen hier statt. Bis zu tausend Schmiedshauer kommen hierher. Wir laden sie ein, bereiten ein Programm vor. Im Mittelpunkt steht immer ein Festgottesdienst. Denn wer gern in die Kirche geht, der kommt auch gerne zu den Treffen. Unsere vier Söhne helfen uns bei den Vorbereitungen. Und ich bin fest davon überzeugt, daß sie das Erbe unserer alten Heimat weitergeben werden. Mein Standpunkt ist, daß man die Probleme und die Politik bei den Treffen raushalten soll. Das kann man unter vier Augen klären. Mir ist jeder willkommen; es kann ein Kommunist dabei sein, ein Grüner, es würde mich sogar freuen, wenn sie mitmachen würden. Über das Politische sind wir erhaben. Natürlich sind die rechtlichen Dinge noch nicht geklärt. Was von unserem Eigentum beschlagnahmt worden ist, muß einmal auf friedlichem Wege entschädigt werden, selbst wenn das durch Schenkungen geschieht. Wenn jemand sagt, es ist noch unser Eigentum, so lange es nicht entschädigt ist, dann ist das rechtlich in Ordnung. Aber weil es auch mißverstanden werden kann, etwa als wollten wir es »zurückerobern«, brauche ich es jetzt nicht zu betonen. Der Rechtsstandpunkt ist klar, es ist noch kein Friedensvertrag abgeschlossen, auch nicht mit Schmiedshau, sozusagen.

1976, nach einem Schmiedshauer Treffen, habe ich meine Familie nach Hause geführt. Wir sind rüber gefahren und haben gesehen, daß wir dort nicht das tun könnten, was wir hier können. Insofern sehe ich das ganze für mich positiv. Mein Elternhaus wurde im Krieg zerstört. Als wir in Schmiedshau zu Besuch waren, wuchsen Kartoffeln an der Stelle, wo einst mein Elternhaus stand. Aber es hat mich nicht wehleidig gestimmt. Daß wir die Heimat verloren haben, diese Bitternis fühle ich nicht, vielleicht tut es mir leid, daß wir nicht ohne Einschränkungen hin- und herfahren können.

In den Diskussionen mit den Älteren, die sich hier nicht so engagieren wie wir, die nicht so integriert sind, spüre ich sie schon, die Bitternis. Manche sagen immer noch: die bösen Tschechen. Ich habe aber noch nie gehört, daß einer sagt: die bösen Slowaken. Weil wir es zu Hause auch nicht so empfunden haben. Wir hatten wenig Kontakt mit ihnen. Wir haben praktisch nur die Slowaken aus Čičmany am Sonntag durch das Dorf laufen sehen, wenn sie in die Kirche gingen. Und in der Schule hatten wir einmal in der Woche eine Stunde Slowakisch. In der karpatendeutschen Jugend habe ich immer darauf gedrängt, daß wir auch Slowakisch lernen. Wenn sie sich drüben nur besser um unsere Kulturgüter kümmern würden, unsere Kirche nicht verkommen ließen! Das ist die Bitternis. Die gibt es noch nicht, aber die könnte es geben. Wir haben für die Schmiedshauer Kirche gesammelt, das Geld auch hingeschickt und tun vieles, damit die Schmiedshauer Kirche wieder hergerichtet wird. Natürlich habe ich unter unseren Leuten den einen oder den anderen, der Haare in der Suppe finden möchte. Dem schreibe ich

dann einen Brief, daß ich es lieber in einem anderen Ton gehabt hätte. Ich kann sagen: Die da drüben sind böse Leute, weil sie es in zehn Jahren nicht geschafft haben, unsere Mariensäule zu sanieren. Ich kann aber auch sagen: Beim besten Willen haben sie es noch nicht geschafft, daß sie renoviert worden ist.
Für mich gibt es keine bösen Tschechen und keine bösen Slowaken. Es wird dort genauso sein wie bei uns Deutschen auch, daß sie nicht alle gut sind.

Für uns war die Umsiedlung eine Chance...
Die Oppelnerin

Meine Familie ist eine typische DDR-Familie, voll integriert in diesem Land, obwohl wir ursprünglich aus Oberschlesien stammen. Ich wurde 1928 in Oppeln geboren. Mein Vater war Arbeiter. Er lebte den Traum, Lehrer zu werden. Mit fünfzig bekam er die Chance. Man muß sich das vorstellen! Meine Schwestern hatten die Volksschule absolviert, sind Schlosserinnen geworden; beide wurden zum Studium delegiert. Den Aufstieg hatte ihnen die Republik ermöglicht. Ich machte die Ausbildung zur Krankenschwester; 1947 wurde ich gefragt, ob ich nicht Medizin studieren möchte. Ich fing an, sah aber, daß meine Vorkenntnisse für das Medizinstudium nicht reichten, und habe mich auf die philosophische Fakultät umschreiben lassen.
Meine ganze Familie hat durch die Umsiedlung eine Chance bekommen. Keiner hat zu mir gesagt: Du bist ein Flüchtling. Der Staat ist von Anfang an bemüht gewesen, uns zu integrieren. Es gab zwar auch Unterstützungen, aber nur so lange, bis die Leute hier Fuß gefaßt hatten. Man hat auch keine Heimatvertriebenenverbände gegründet.
Es wurde bei uns sehr viel dafür getan, den Menschen klarzumachen: Die Gebiete sind weg, und daran wird sich auch nichts ändern. Das sind die Folgen des Zweiten Weltkrieges, und die sind zu akzeptieren. »Die Oder-Neiße-Friedensgrenze« hieß es immer in den Filmen, in den Zeitungen, bei den Treffen der Jugend. Damit wurde das Bewußtsein geschaffen: Du mußt hier die Füße auf die Erde stellen, denn zurück kannst du nicht. Ich weiß nicht, ob diese offizielle Propaganda es dem einzelnen leichter machte, den Verlust

der Heimat zu verarbeiten. Aber sie hat sicherlich dazu verholfen, sich keinen Illusionen hinzugeben. Es wurde Klarheit geschaffen. Wenn einem aber vorgegaukelt wird, »wir müssen uns nur ein bißchen anstrengen, dann schaffen wir es schon«, schlägt man nicht Wurzeln, wird zögernd, unseßhaft, weiß nicht, was man tun soll.
Meine Verwandten im Westen bezeichnen sich bis heute als Flüchtlinge. Sie haben Flüchtlingstreffen, sie leben in einem Stadtteil, in dem nur Flüchtlinge leben. »Das ist auch ein Flüchtling«, sagt meine Cousine oft, wenn sie mir jemanden aus ihrer Umgebung vorstellen will. Es ist auch gesagt worden, »wir wollen uns mit der Grenze nicht zufriedengeben«. Dieses Gefühl wurde wachgehalten. Aber sicher empören sich auch manche Leute hier darüber, wie die Polen mit dem Land umgehen, daß sie es so schlecht nutzen, so schlecht wirtschaften.
Es gab ein soziales Gefälle zwischen uns und dem Teil der Familie, die heute im Westen lebt. Die Brüder meiner Mutter haben studiert, das war noch in der Weimarer Zeit, sind alle Professoren geworden. Meine Mutter hatte sich um ihre Eltern gekümmert. Als sie starben, war sie schon älter und heiratete den ersten besten Mann, an den sie kam. Jetzt, in der nächsten Generation, haben wir, meine Schwestern und ich, alle drei eine akademische Ausbildung. Eine meiner Schwestern ist stellvertretende Direktorin einer Maschinenfabrik, die andere Abteilungsleiterin im Schwermaschinenbau. Von meinen Cousinen im Westen ist eine Hühnerzüchterin, die andere Sparkassenangestellte. Ihr Leben verläuft in viel engeren Bahnen als das unsere, aber sie verfügen über einen Lebensstandard, mit dem wir uns nicht messen können. So sind wir wieder die armen Verwandten.
Das Gefühl, ein Flüchtling zu sein, ist bei mir zwar völlig weg, ich leide aber darunter, daß ich nicht an meine Wurzeln kann. Mir ist alles verschlossen. Sicher, ich kann hinfahren,

aber die Heimat realisiert sich nicht nur durch die Häuser oder die Landschaft, durch die Örtlichkeiten, sondern auch durch die Menschen, die dazu gehören; und die finde ich nicht wieder. Und so geht es mir nicht nur mit meiner Kindheit in Oberschlesien, sondern auch mit den zwei Jahren in der Tschechoslowakei, besonders die waren so prägend für meine Biographie. Ich bin immer mit Heimatgefühl hingefahren.

Heute ist es ein Braunkohlerevier, Tisová* existiert nicht mehr. Mir ist, als hätte ich keine Kindheit, keine Jugend gehabt. Ich weiß, wo ich hergekommen bin, aber ich habe keinen Beleg dafür, auf dem Papier schon, aber keinen emotionalen Beleg. Es muß Menschen geben, mit denen man gespielt hat oder zur Ersten Kommunion gegangen ist, die heute erwachsen sind und mit denen man darüber spricht, wie man als Kind war, welche Streiche man zusammen ausgeheckt hat. Durch den Austausch von Kindheitserlebnissen kommt doch ein Stück Kindheit wieder zurück. Aber wenn sie keinen Zeugen dafür haben, dann können sie ihre Phantasie in Gang setzen, es kann so gewesen sein, aber es könnte auch ganz anders gewesen sein.

Meine Cousinen im Westen, die unter so vielen Leuten aus ihrer alten Umgebung leben, die können immer noch ihre Kindheit und Jugend reproduzieren. Auch dadurch, daß sich die Umsiedler – sie sagen natürlich Flüchtlinge – regelmäßig treffen. Da hat einer Geburtstag, und sie fahren alle hin; da lädt sie ein anderer ein, und sie fahren auch zu den offiziellen Treffen hin, die von den Vertriebenenverbänden organisiert werden. Aber nicht, um einer politischen Idee zu dienen, sondern weil sie wissen, dort treffen sie den und jenen und erfahren, was wer macht und wie er lebt. Dann wechseln sie Briefe und telefonieren, so bleibt es in Gang. Und so haben

---

* Deutsch: Theusen

sie auch Zeugen für ihre Kindheit und Jugend. Das finde ich gut.
Bei uns finde ich wiederum positiv, daß die DDR die Flüchtlinge völlig integriert hat. Als politische Maßnahme finde ich es gut, daß man dieses Gefühl vom Anderssein nicht haben muß. Neulich sagte mir ein Kollege im Verband: »Im Künstlerlexikon habe ich gelesen, daß du aus Oberschlesien bist – ich auch.« Dann hat er eine Reihe von anderen genannt, die auch daher kommen. Ich kenne ihn seit Jahren, aber er hatte erst aus dem Lexikon erfahren, daß wir aus der gleichen Gegend stammen. Das ist typisch für die Situation hier. Niemand fragt danach, woher man kommt. Nur manchmal, wenn jemand ein Wort, ein Fluchwort benutzt, erinnert man sich: Das kennst du doch von zu Hause, vom ehemaligen Zuhause. Man fragt dann, woher hast du das Wort, und stellt fest, er stammt auch daher.
Damit ich nicht zum Bund deutscher Mädel mußte, hatte mich meine Mutter in einer Anstalt der Diakonie untergebracht. Ich sollte Krankenschwester werden. Anfang Januar 1945 wurde uns gesagt, es wäre besser, wir würden nach Hause gehen, die Russen kämen. So haben wir, meine Mutter und meine kleinen Schwestern, unsere Sachen gepackt und gingen zum Bahnhof. Auf der ersten Kreuzung erinnerte sich meine Mutter, daß sie ihre Papiere zu Hause vergessen hatte. Sie kehrte zurück, wir sollten langsam weiter gehen, sie würde uns wieder einholen. Wir haben sie erst zwei Jahre später wiedergesehen.
Wir kamen auf dem Bahnhof an, alle Züge waren schon weg. Dann kam ein Panzerzug, der fuhr zwar nach Osten, aber der Kommandant hat uns mitgenommen, weil er danach wieder in den Westen zurückfahren sollte. Er setzte uns in Hirschberg im Riesengebirge ab. Es war Abend. Wir standen auf dem Bahnsteig, hatten keine Unterkunft, nichts zum Essen. Wir dachten, es wird wieder ein Zug kommen, und

wir werden weiterfahren. Aber wohin, wußten wir nicht. Dann ging eine junge Frau auf uns zu. Es war eine Lehrerin, die gerade ihren Bruder verabschiedete. Die nahm uns zu sich. Sie hatte in der Schule zwei winzige Zimmer; das eine bekamen wir. In der Wohnung roch es nach Kuchen, den sie für ihren Bruder gebacken hatte. Ein Rest war noch da. Wir bekamen auch etwas davon. Sie hat uns mit frischen trockenen Socken ausgerüstet. Am nächsten Tag mußten wir wieder weiter. So haben wir uns durchgeschlagen, bis wir im Erzgebirge in Tisová landeten. Dort haben wir bei einem Häusler Unterkunft gefunden. Ich habe mir eine Stelle gesucht, um meine kleinen Schwestern zu ernähren. Dort haben wir auch das Ende des Krieges erlebt.
Die Braunkohleförderung war damals noch nicht so weit fortgeschritten. Um Tisová herum gab es noch eine intakte Landschaft, eine sehr liebliche Landschaft, im Gegensatz zu meiner Heimat, die so eben ist wie ein Tisch. Ich war siebzehn Jahre alt, in einem Alter also, in dem man Erfahrungen begierig aufnimmt. Da sind die Eindrücke prägend und halten quasi ein Leben lang. Dann war es auch der Kampf ums Überleben, den führt man ja mit Hilfe anderer Menschen. In solchen Situationen, in denen man die anderen Menschen braucht, lernt man sie besser kennen, als wenn man Ferienbekanntschaften macht.
Ich bin damals so vielen Menschen begegnet, die mir geholfen haben, die dafür gesorgt haben, daß wir überlebten. Ich war ein völlig unerfahrener junger Mensch, und meine Schwestern waren noch Kinder, die eine war zehn, die andere acht Jahre alt, ich hatte für sie die Verantwortung übernommen. Daß wir über die Zeit hinweggekommen sind, ohne Schaden zu nehmen, das habe ich den Menschen dort zu verdanken. Es waren ehemalige Sudetendeutsche, aber es waren auch Tschechen. Denn damals ist schon die Umsiedlungsaktion in Gang gekommen, so daß dort drei verschie-

dene Gruppen aufeinander trafen; die Deutschen, die Tschechen, die aus dem Landesinneren an die Peripherie zogen, und die Tschechen, die dort schon immer gelebt hatten. Jede dieser Gruppen hatte mit dem Krieg ihre Erfahrungen gemacht und entsprechend gehandelt, den Deutschen war man natürlich nicht gerade freundlich gesonnen.

Es gab auch eine Menge unschöner Geschichten, von denen ich allerdings nur gehört habe, von denen ich selbst keine erlebt habe. Ich selbst habe Geschichten erlebt, die darauf hinausliefen, mich zu behaupten. Aber es waren eher Streiche und Schelmereien. Ich habe auch tschechisch gelernt, konnte natürlich nicht lesen oder schreiben, nur sprechen. Auch das gehörte zu dem Programm des Überlebens. Aber das Gefühl, als Deutsche Freiwild zu sein, hatte ich nicht. Vielleicht hing es mit meiner Unerfahrenheit und Unbekümmertheit zusammen. Ich habe das alles gar nicht als so einschneidend und furchtbar empfunden.

Wir waren jung und vergnügt. An den Sonntagen sind wir mit anderen jungen Leuten durch die Dörfer gezogen, wo Tanz war. Ganze Nachmittage und Abende haben wir bei der tschechischen Blasmusik durchtanzt. Als Deutsche durften wir zwar offiziell nicht tanzen, aber die Einheimischen hatten nichts dagegen. Wir gehörten zu ihnen, man hatte sich aneinander gewöhnt. Einer saß immer auf der Fensterbank und paßte auf; wenn eine amerikanische Militärstreife kam, waren wir schnell verschwunden. Die tschechische Blasmusik ist für mich bis heute ein Stück meiner Jugend geblieben. Eigentlich war es eine sehr schöne Zeit.

Dann kamen wir nach Deutschland, und es war alles ganz anders. Zuerst mußten wir aus dem Häuschen in Tisová weg, unsere Wirtsleute machten sich davon. Ich bekam eine Stelle als Magd auf einem Bauernhof, nur gegen Kost, und nahm meine Schwestern mit. Das war die schlechteste Stelle, die ich in der ganzen Zeit hatte. Die Leute – es waren Tsche-

chen – haben uns sehr ausgenutzt und schlecht behandelt. Inzwischen hatte uns unsere Mutter über das Rote Kreuz gefunden und wollte mit uns nach Deutschland. So haben wir uns ins Durchgangslager gemeldet und sind im Sommer 1947 nach Bitterfeld gekommen.
Wir wurden in ein Notquartier in einer ehemaligen Ziegelei eingewiesen. Es ging auf den Herbst zu. Die Räume waren feucht, es kam ein ganz strenger Winter. Das war eigentlich unsere schwerste Zeit. Ich arbeitete als Hilfsarbeiterin in einer Filmfabrik. Das bißchen Geld reichte kaum für den Unterhalt der Familie. Ich hatte eigentlich nicht vor, aus Tisová wegzugehen, hatte mich eingerichtet, dort zu bleiben. Ich weiß noch, daß ich großes Heimweh hatte die ersten Wochen in dem Lager in der Sowjetzone.
Politisch war ich überhaupt nicht geprägt und hatte neben mir niemanden, der reflektierte. Zwei Jahre habe ich in dem Diakonissenheim gelebt, wo Politik keine Rolle spielte. Wir hatten viele Verwundete, aber es wurde dort mehr gebetet als geredet. Es war eine Oase. Den Zusammenbruch hatte ich überhaupt nicht als eine Sache der Weltgeschichte erlebt, sondern als eine ganz persönliche: daß ich nicht in meinem Bett schlafen konnte, meine gewohnte Umgebung nicht hatte, die Mutter nicht hatte und nichts zum Essen und Trinken. Das war für mich das Wesentliche. Ich empfand es als eine große Erleichterung, nicht als Niederlage, als der Krieg zu Ende war. Ich litt darunter, daß ich nichts zum Lesen hatte und keine Musik hören konnte. Das war in mir wie ein Urtrieb, so daß ich sonntags immer in die Kirche ging, um wenigstens die Orgel zu hören.
Meine politische Entwicklung begann erst, als ich in die Sowjetzone kam und in Bitterfeld an den Litfaßsäulen die Einladung zu den Bildungsabenden der SED las. Das Wort »Bildung« war für mich wie Hunger Stillen. Ich ging in diese Bildungsabende mit meiner ganz naiven Vorstellung von

Gut und Böse, und was ich dort hörte – daß man die Güter dieser Welt gerechter verteilen muß, daß Gerechtigkeit herrschen soll und Gleichheit unter den Menschen –, fiel tief in mein Herz hinein. Da bekam ich zum erstenmal die politischen Aspekte eines Lebens zu spüren. Daher kam auch meine tiefe Einbindung in dieses Land.
Inzwischen hatten wir auch unseren Vater gefunden. Er hatte sich in Saalfeld niedergelassen, war inzwischen Russischlehrer geworden und hatte eine Wohnung, so daß wir zu ihm ziehen konnten.
Daß wir nicht nach Oppeln zurück konnten, war für uns eigentlich kein Schock. Sonderbarerweise auch für meine Mutter nicht. Sie sagte: Wo meine Familie ist, dort ist mein Zuhause. Da auch ihre ganze Familie, die Brüder und die Cousinen, alle weg waren, zog sie überhaupt nichts mehr zurück. Sie hatte nur Dinge vermißt, die zu ihrem Haushalt gehörten. Als das Reisen wieder möglich war, reiste sie hin. Sie wollte vor allem zu den Gräbern ihrer Eltern. Aber als sie hinkam, stellte sie fest, daß die inzwischen eingeebnet waren. In dem Haus, in dem wir früher wohnten, traf sie noch die alte Hausbesitzerin. Sie war schon bettlägerig und machte sich zum Sterben bereit, aber sie konnte noch mit ihr sprechen.
Meine Mutter war eigentlich froh, wieder weg zu sein. Das ganze hat sie überhaupt nicht bewegt. Ich selbst kam viel später hin. Neugierig war ich schon, hatte aber nicht viel Zeit, zu den Leuten zu gehen, habe mir nur das Haus angeguckt und empfand alles sehr klein, sehr eng, das Haus, die Straßen. Ich hatte wenig Erinnerungen. Seitdem bin ich nicht mehr dort gewesen und habe auch keinen Antrieb, wieder hinzufahren.
Ich glaube nicht, daß ich mich noch als Oberschlesierin fühle. Aber mit meinen Schwestern reden wir oft über die frühere Zeit. Je älter sie werden, desto mehr drängt es sie,

darüber zu reden. Sie haben die meisten Erinnerungen an die Tschechoslowakei, und deshalb ist ihre Liebe zu diesem Land noch viel ausgeprägter als meine, weil bei mir doch auch die Beziehung zu Oberschlesien da ist. Aber ich fühle mich immer ein Stück zu Hause, wenn ich in die Tschechoslowakei fahre und wenn ich Tschechisch höre. Das sind für mich so vertraute Klänge. Man beginnt ein Land zu lieben, wenn man eine harte Zeit dort durchgemacht hat.

Der Tonfall kommt aus den Trümmern zurück...
Der Egerländer

Meine Familie stammt aus dem Sudetenland – wie es etwa ab 1900 hieß –, die Familie meines Vaters aus Asch und Karlsbad, meine Mutter aus der Nähe von Reichenberg, aus einer tschechischen Familie. Sie sprach allerdings immer Deutsch mit uns. Ich selbst bin 1939 in Eger geboren.
Meine frühen Erinnerungen sind stark vom Krieg und den Bombennächten geprägt, die es damals gab. In Eger war ein Betrieb der Škoda-Werke, und die Alliierten versuchten ihn zu treffen. Aber natürlich erinnere ich mich auch an den Pfarrer in der Kirche, in der wir Religionsunterricht hatten, an den Kindergarten, die Schule, den Marktplatz, an unsere Wohnung in der Schanzstraße und die der Großeltern in der Wallensteinstraße. Den Garten dort habe ich in besonders guter Erinnerung. Ich werde aber auch den Einzug der amerikanischen Kampftruppen in Eger nie vergessen, weil darunter die ersten Schwarzen waren, die ich in meinem Leben gesehen habe.
Eger habe ich im September 1945 mit meiner Mutter verlassen. Sie ist bestimmt fünfzigmal über die Grenze gewechselt und hat immer noch Sachen rausgeholt. Unsere Wohnung war beschlagnahmt; der Direktor des Arbeitsamtes ist dort eingezogen. Meine Mutter stahl nun aus ihrer eigenen Wohnung Stück für Stück die Teppiche und legte falsche hin und nahm auch Teile des Geschirrs mit, wobei der Tscheche sehr anständig gewesen sein mußte, denn er hatte es sicher gemerkt, es aber geschehen lassen. Meine Mutter brachte zuerst meinen Vater raus, dann kam ich und zuletzt meine kleine Schwester. Etwa Ende des Jahres 1945 waren wir ausgesiedelt, wie es so schön hieß.

Es war so, daß im Krieg mein Vater meine Mutter schützte nach dem Motto, was der Mann ist, ist auch die Frau, wie es damals bei den Nazis hieß, und nach 1945 wiederum meine Mutter als Tschechin den Vater. Und das hat soweit auch geklappt, allerdings waren wir keine Juden, und mein Vater hatte keine politischen Funktionen; deswegen ist er auch durchgekommen. Meine Mutter hätte vielleicht mit uns Kindern bleiben können. Sie hätte sich aber von Vater trennen müssen, denn es ist nicht sehr wahrscheinlich, daß die tschechische Behörde ihm erlaubt hätte, im Lande zu bleiben.
Mein Vater war als Filialdirektor einer Versicherung in diesem kleinen Nest ein stadtbekannter Deutscher. Außerdem war er auch Mitglied der NSDAP gewesen. Man hätte ihn sicherlich ins Gefängnis gesteckt, verprügelt und was es alles da so gab. Es wäre also ein sehr riskantes Unternehmen gewesen, auf das sich meine Eltern lieber nicht eingelassen haben. Denn man muß auch bedenken, daß in den ersten Monaten nach Kriegsende viele Menschen nach Eger zogen, und es waren nicht nur die Tschechen, die dort vorher gelebt hatten. Es kamen auch andere hinzu, und es wurde Vergeltung geübt.
Die Aussiedlung, oder wie man es bezeichnen will, war für mich mit keinen besonderen Emotionen verbunden. In der Situation, in der alle gingen oder weggetrieben wurden, nicht nur die Eltern, sondern auch Verwandte, Bekannte, Freunde, und niemand blieb, war es auch für das Kind einzusehen, daß es nicht bleiben konnte. Jedenfalls war dieser Umzug für mich leichter zu verkraften als die anderen Umzüge in meinem Leben. Als wir sieben Jahre später von Bayreuth nach Hannover zogen, war es für mich ein mittleres Drama, weil alle Freunde dablieben und ich selbst weggehen mußte.
Den Unterschied merkte ich natürlich schon.
In Eger hatten wir einen Garten, ich hatte Spielsachen. In

Bayreuth waren wir in einem Bauernhof einquartiert und hatten zwei Zimmer für fünf Leute, wobei es uns sicher noch besser ging als vielen anderen Flüchtlingen. Es gab für mich keine Spielsachen, und ich war alleine, weil es dort auch keine anderen Kinder gab. Das hat natürlich Leid erzeugt, wenn man es so sagen will. Aber den Verlust der Heimat habe ich als keinen besonderen Bruch erlebt.
In der Schule gab es natürlich die üblichen Klassenkämpfe zwischen den Flüchtlingen und den Einheimischen. Man mußte zuerst die Sprache lernen, das Oberfränkische, das ist sehr zähflüssig und schwer erlernbar, und es gab viele Prügeleien und Ausgrenzungen; alles das, was in den Schulen so gängig ist.
Für meine Eltern bedeutete die Vertreibung einen starken sozialen Abstieg, wobei die Nazizeit wohl die Periode war, in der mein Vater die beste soziale Position hatte. Er war bei der Versicherung tätig, hatte aber dazu noch eine arisierte Fabrik für Gasmasken in Prag erworben. Jedenfalls ging es ihm sehr gut in dieser Zeit. Nach 1945 gab es für ihn zuerst einmal bis 1953 sehr krisenhafte Jahre. Er hat sich durchgeschlagen als Vertreter, dann hat er einen Betrieb aufgemacht, der nach der Währungsreform pleite ging, arbeitete wieder als Vertreter, bis er 1953 in seinen alten Beruf als Versicherungsagent zurückfand und Direktor einer Filiale in Hannover wurde.
Die Vertreibung haben meine Eltern natürlich als Unrecht empfunden. Der berühmte Spruch, der in der Familie umging, war: Präsident Beneš habe gesagt, den Deutschen muß man alles nehmen, nur ein Taschentuch soll man ihnen lassen, damit sie weinen können. Ich habe inzwischen nachgeforscht, die tschechische Historiographie bestreitet diesen Spruch, in der sudetendeutschen wird er noch oft weiterkolportiert. Aber sicher wurde Beneš und das nationale tschechische Bürgertum von den Sudetendeutschen stark ab-

gelehnt, selbst wenn sie, wie meine Eltern, nicht besonders engagiert waren. Meine Mutter war durch ihre tschechische Herkunft streng antinationalsozialistisch eingestellt, mein Vater ein kleiner Mitläufer, aber ohne weitere politische Funktionen.

Diese Haltung meiner Eltern blieb aber so gut wie ohne Einfluß auf mich. Denn ich habe mich bis zu meinem 45. Lebensjahr für meine Vergangenheit und die Heimat überhaupt nicht interessiert. Ich hatte das Kapitel abgeschlossen, war ein Bürger der Bundesrepublik, und das ganze war für mich kein Thema und kein Problem. Ich gehörte nie einem Flüchtlingsverband an und habe auch nicht an den Legenden mitgeschnitzt, die in den Flüchtlingsverbänden, auch in unseren sozialdemokratischen Vereinigungen, entstanden – vor allem in der Zeit, als das alles noch viel frischer war und auch die Perspektive, wie es weiter geht, nicht so deutlich wie in den siebziger Jahren.

Sicher mußte ich immer wieder schreiben, woher ich komme, aber ich hatte es schlicht und einfach verdrängt, mich darum nicht gekümmert, so getan, als ob ich Hannoveraner oder Münchener wäre, habe mich mit meiner eigenen Geschichte nicht auseinandergesetzt. Ich sagte natürlich nicht, ich stamme aus München, sondern aus Eger, aber ich habe daraus keine intellektuellen Konsequenzen gezogen; das Thema Sudetendeutsche, Flüchtlinge, ist die Vertreibung ein Unrecht? habe ich nicht verbalisiert, von mir aus nicht aufgegriffen. Ich habe der Ostpolitik Brandts voll zugestimmt, auch dem Prager Vertrag. Damals war ich schon im Bundestag, habe politische Reden gehalten und natürlich gesagt, daß das Münchener Abkommen null und nichtig ist, ex tunc, und was für Diskussionen es damals am Anfang der siebziger Jahre darüber gegeben hat; aber ich habe jede emotionale Beteiligung an diesem Prozeß verdrängt. Es war meine politische Meinung, aber es hatte mit meiner Biogra-

phie nichts zu tun. Diese zwei Dinge standen wie unabhängig nebeneinander.
So habe ich zum Beispiel auch schon 1964 die Tschechoslowakei besucht, ohne daß in mir etwas wach wurde. Wir hatten damals eine Woche bei der Schwester meiner Mutter in Prag verbracht, sind mit dem Auto etwas herumgefahren und haben bei der Gelegenheit auch Franzensbad und Eger besucht mit der Einstellung: Das schauen wir uns nun mal an. Ich habe auch das Haus, wo wir einmal wohnten, gefunden; es sah genauso aus wie früher und sieht auch heute noch so aus, nur etwas vergammelt. Das Haus war offen, weil jetzt dort das Wohnungsamt ist. Man konnte mit dem Aufzug in die oberste Etage fahren, wo wir früher wohnten. An der Tür war ein tschechischer Name; ich habe mich nicht getraut zu klingeln, weil ich nicht tschechisch spreche, und bin wieder hinuntergefahren. Aber es ging mehr oder weniger an mir vorbei.
Die Stadt selbst machte auf mich einen sehr trostlosen Eindruck. Man muß sich den Kontrast vorstellen: In den sechziger Jahren war die Bundesrepublik das Land des Wirtschaftswunders, hier war die Stadt fast leer, und an vielen Stellen lagen noch Trümmer wie in Deutschland nach dem Ende des Krieges. Es war niederschmetternd, aber für meine Biographie, für die Suche nach der Identität, völlig unbedeutend. Es ließ mich innerlich unberührt, bewegte mich nicht.
Diese meine Haltung begann sich zu ändern, als ich fünfundvierzig wurde. Es hing einmal damit zusammen, daß ich im Präsidium der SPD die Verantwortung für die ČSSR übertragen bekam. Das hat mich dazu gebracht, öfters in die Tschechoslowakei zu fahren, mit den Funktionären der Kommunistischen Partei zu reden und den Kontakt zu ihr aufzubauen; ich habe auch mit Chartisten gesprochen und auf diese Art und Weise immer mehr Leute kennengelernt. Das war das eine. Das andere war, daß man mit zunehmen-

dem Alter zu fragen beginnt: Woher kommst du eigentlich? Was ist eigentlich deine eigene Biographie? Man verspürt plötzlich ein größeres Bedürfnis, seine eigene Identität doch mehr zu bestimmen, als man es tut, wenn man aufsteigen und sich durchsetzen will, die Familie gründet, nach vorne marschiert. Damals war es unwichtig.
So habe ich vor etwa fünf Jahren begonnen, mich systematischer mit Mitteleuropa, Österreich-Ungarn, mit der Geschichte Böhmens im 19. Jahrhundert und dem deutschen und dem tschechischen Nationalismus zu beschäftigen und mit der verheerenden Rolle, die er damals gespielt hat, und wie es dazu kam, daß die Konstruktion des österreich-ungarischen Vielvölkerstaates zerstört wurde. Ich habe dann auch Otto Bauer und Karl Renner gelesen und mich mit ihrem Verständnis der Nationalitätenfrage befaßt und auch den Namen František Palacký* zum erstenmal bewußt zur Kenntnis genommen. Die Auseinandersetzung mit diesen Fragen und der politischen Geschichte Mitteleuropas in den letzten hundertfünfzig Jahren hat mir letztlich auch die Möglichkeit eröffnet, mich zu meiner Herkunft zu bekennen, die alte Verdrängung zu überwinden. Es geht inzwischen so weit, daß ich ab und zu zum Sudetendeutschen Rat** gehe, um mit den Leuten dort zu diskutieren, obwohl ich politisch meistens anderer Meinung bin. Es kann vorkommen, daß ich mich, bevor ich in die ČSSR fahre, mit ihnen über bestimmte politische Fragen unterhalte. Aber das hat sicherlich auch damit zu tun, daß es

---

* František Palacký (1798–1876), tschechischer Historiker und Politiker, Führer der Alttschechischen Partei im österreichischen Herrenhaus und böhmischen Landtag, bekannt u. a. auch durch seinen Brief an das Frankfurter Parlament 1848.
** Sudetendeutscher Rat, hervorgegangen aus der »Gemeinschaft zur Wahrung sudetendeutscher Interessen« (gegr. 1947), ein politisches Gremium der großen Parteien und anderer politisch wirksamer Institutionen und Persönlichkeiten.

dort inzwischen vernünftigere Menschen gibt, als es früher der Fall war.
Ich setze mich mit allen diesen Fragen heute viel intensiver auseinander und sage, woher ich komme, wer ich bin, und schäme mich nicht mehr dafür. Es war ja lange so, daß ich als Sozialdemokrat mit der Sudetendeutschen Landsmannschaft nichts zu tun haben wollte und mit der Politik, die sie betrieben hat, mindestens seitdem ich politisch tätig bin. Ich bin politisch Anfang der sechziger Jahre aufgewacht. Da war der Prozeß der Abdriftung der Landsmannschaften in die rechte Ecke schon spürbar, und damit wollte ich als Sozialdemokrat natürlich nichts zu tun haben. So habe ich damals auch Wenzel Jaksch abgelehnt, dessen Vielschichtigkeit ich heute viel besser begreife. In seiner Denkschrift aus der Mitte der sechziger Jahre stehen viele kluge Dinge, die man heute unbedingt tun müßte. Freilich bin ich schon vor einigen Jahren aus Tradition und Freundschaft zu Freunden meiner Eltern, die sehr aktiv in der Landsmannschaft waren, der Seliger-Gemeinde* beigetreten. Das war freilich in der Zeit, als sie schon sehr ausgegrenzt war aus der Landsmannschaft und der Wittiko-Bund** sowie die Ackermann-Gemeinde*** dort den Ton angaben. Sicherlich distanziere ich mich nach wie vor von der Politik der Landsmannschaft, nur heute setze ich mich mit ihr mehr auseinander, rede darüber und sage, woher ich komme, während ich es früher einfach von mir weggeschoben hatte.
Allerdings hatte ich schon mein Leben lang eine besondere Beziehung zu der österreichischen Literatur, zu Franz Grill-

---

* Seliger-Gemeinde – sozialdemokratisch orientierte sudetendeutsche Gemeinschaft
** Wittiko-Bund – volksgruppenorientierte sudetendeutsche Gemeinschaft
*** Ackermann-Gemeinde – katholisch orientierte sudetendeutsche Gemeinschaft

parzer, Karl Kraus, Hugo von Hofmannsthal. Ich habe auch in Wien einige Semester studiert. Nur: Es war eine literarische Beziehung. Ich habe nicht begriffen, daß es natürlich damit zusammenhängt, daß ich selbst aus dem Völkergemisch dort stamme. Ich dachte: »Warum soll man sich für Kafka nicht interessieren?« Daß ich vermutlich auch nach Wien gegangen war, weil das Völkergemisch Wien mich angezogen hatte, bis zum Ton der Sprache, das wollte ich damals nicht wahrhaben. Es war alles literarisch vermittelt. Ich habe sozusagen nicht Karl Kraus und Franz Grillparzer, sondern nur meine Herkunft verleugnet. Wie absurd es auch klingen mag: Das literarische Interesse an Mitteleuropa ging dem politischen bei mir voraus.

Der Grund für diese Verdrängungen lag wohl weniger in irgendwelchen Verletzungen als in der Ablehnung des kleinbürgerlichen sudetendeutschen Milieus, der Flüchtlingsideologie, der ganzen Atmosphäre, die die Landsmannschaften verbreitet hatten. Meine Eltern selbst waren zwar nicht engagiert, aber durch ihre Freunde und Bekannten, die in der Landsmannschaft aktiv waren, habe ich viel von dieser Atmosphäre mitbekommen. Es war auch ein Zahnarzt darunter, ein Sozialdemokrat, der mir in Eger den ersten Milchzahn gezogen hatte und später in der Bundesrepublik wieder mein Zahnarzt wurde. Er hatte in der Vereinigung eine große Rolle gespielt und immer auf mich eingeredet. Aber ich wollte nicht als Sudetendeutscher abgestempelt werden. Wahrscheinlich gab es da auch unbewußte Prozesse, die schwer zu analysieren sind. Aber vordergründig war es sicher so, daß ich sowohl die Politik dieser Verbände als auch den Ton »Henlein und die Nachfolger« nicht gemocht und nicht akzeptiert habe. Ich war ein glühender Anhänger der Ostpolitik von Egon Bahr und Willi Brandt und habe die vorsichtige, zögerliche Haltung, die selbst die vernünftigeren Sudetendeutschen eingenommen hatten, weil sie natürlich in ihren Heimatverbänden noch irgendeine Position halten wollten und ihre frühere Position nicht so schnell aufgeben konnten, einfach nicht verstanden.

Das war bei mir der rationale Grund, wobei es sicher auch eine Reihe irrationaler Gründe gegeben hat, warum ich damit nichts zu tun haben wollte. Ich wollte mich sehr wahrscheinlich auch anpassen an die bayerische Umgebung. Ich hatte doch auch meine Versammlungen auf bayerisch gehalten, mir den Trachtenanzug angezogen, den ich seit zwanzig Jahren nicht mehr anziehe, und so bin ich als junger Landtagsabgeordneter durch Bayern gelaufen. Eben nicht als Sudetendeutscher, sondern als Bayer, obwohl ich kein Bayer war in dem Sinne. Denn ein Sudetendeutscher, der in Bayern lebt, von Franken nach Hannover zieht und dann nach München, ist doch kein Bayer. Auch meine Sprachprägung vollzog sich nicht in Bayern, sondern in Franken und dann in Hannover. Aber wenn ich mit meiner Mutter rede, fange ich richtig an zu »böhmakeln«, wie man so sagt. Und der Tonfall kommt bei mir irgendwie aus den Trümmern zurück.

Mit diesem »Tonfall«, der Herkunft aus dem böhmisch-österreichischen Milieu, hängt wohl auch zusammen, daß ich mich geistig und intellektuell der Sozialdemokratie von Friedrich und Viktor Adler, Otto Bauer oder Bruno Kreisky mehr zugehörig fühle als der von Kurt Schumacher, mit dem mich überhaupt sehr wenig verbindet. Da sind ganz andere Traditionen am Werk als diejenigen, die mich geprägt hatten.

Ich stamme aus einer gemischtnationalen Familie: Die Großmutter eine glühende Nazianhängerin, ihre Schwester schrieb schreckliche Gedichte auf den Führer; der Großvater, ehemaliger Direktor der Gewerbeschule in Brünn, auch stark national orientiert. Auf der anderen Seite meine Mutter aus kleineren Verhältnissen, tschechischer Herkunft, und ihre Schwester ein KPTsch Mitglied aus der Gruppe um Franz Carl Weiskopf und Louis Fürnberg. Wenn meine Großmutter vom Führer schwärmte, machte meine Mutter dreckige Bemerkungen, allerdings nicht sehr laute, weil eine Frau in der deutschen Familie im Jahre 1940 sich nicht viel herausnehmen durfte, sonst hätte sie Ärger bekommen. Aber es reichte.

Das Kind hatte schon sehr früh gemerkt, es sind verschiedene Traditionen da, hatte gelernt, beide Seiten zu sehen. Das prägt natürlich ganz anders, als wenn man im kulturell und konfessionell homogenen Milieu in Niedersachsen oder der Schwäbischen Alb groß wird, wo diese Auseinandersetzung mit verschiedenen Wertorientierungen einfach fehlen.

Und hinzu kommt noch die ganze süddeutsche, katholische Tradition des böhmisch-österreichisch-ungarischen Vielvölkerstaates. Man muß sich es nur vorstellen, was für ein Schmelztiegel von Nationen, Völkerstämmen, Orientierungen das alte Österreich war! Das steckt irgendwie in einem drin. Und es ist etwas ganz anderes als dieser preußisch-protestantische Geist, der die SPD hier im wesentlichen prägt. Manchmal habe ich da meine Verständigungsschwierigkeiten. Ich bin eben anders. Ein mitteleuropäischer Intellektueller, der sich in die Bundesrepublik verlaufen hat? Nein, der hineinvertrieben wurde.

Ein drittes Mal Wurzeln schlagen kann ich nicht...
Die Reichenbergerin

An Reichenberg habe ich sehr lebhafte Erinnerungen, an die Stadt, an die Wege, die ich gegangen bin. Ich sehe alles sehr deutlich vor mir, so, daß ich es zeichnen könnte. Meine Eltern wundern sich immer, was ich mir damals alles gemerkt habe. Es mag damit zusammenhängen, daß ich jeden Tag zweimal durch die Stadt laufen mußte, morgens in die Schule und mittags wieder zurück in unser Geschäft, wo die Mutter arbeitete, weil mein Vater im Krieg war.

Das Ende des Krieges – ich war damals sieben Jahre alt – ist für mich mit einer schlimmen und einer schönen Erinnerung verbunden. Am ersten Frühlingstag des Jahres 1945 – ich habe schon draußen gespielt – gab es bei uns den ersten Tieffliegerangriff. Fast gleichzeitig kam aber auch mein Vater aus dem Krieg. Und das war natürlich wunderschön, weil er die ganze Zeit weg gewesen war. Er hat sich irgendwo von der Truppe abgesetzt und nach Hause durchgeschlagen. Meine Mutter sagte immer: »Von einer Seite kam der Vater, von der anderen die Russen.«

Zuerst ging das Leben, an das wir gewöhnt waren, weiter, ohne daß ich viel gemerkt habe. Wir bekamen nur in unser Geschäft den »správce«*. Dadurch wurde es etwas schwierig, weil er vom Geschäft nichts verstand und meinen Vater und den Großvater unbedingt dabehalten wollte, damit sie das Geschäft weiterführen. Dann sickerte eine Nachricht durch: Die Männer würde man hier lassen, die Frauen kommen ins Lager. Das brachte meinen Vater zu dem Entschluß, lieber wegzugehen. Noch in der Nacht haben wir

* deutsch: Verwalter

etliches auf einen Leiterwagen gepackt; ich war vornehmlich mit meinen Puppen beschäftigt, und wir haben uns dann in einer leeren Wohnung über unserem Geschäft versteckt.

Das kommt mir heute noch idiotisch vor; ich weiß noch, daß wir am nächsten Tag durch die Dielen unseren »správce« unten toben hörten, weil mein Vater nicht da war. Ich nehme an, daß mein Vater noch irgendwelche Papiere oder Geld besorgen mußte, und für diese Zeit mußten wir uns verstecken. In der nächsten Nacht sind wir dann zum Bahnhof gegangen. Da stand ein langer Zug mit offenen Viehwaggons, in dem wurden wir transportiert. Es war ein Flüchtlingstransport, aber wie wir da reinkamen, ob es organisiert war, das weiß ich nicht. Ich weiß nur, daß, solange wir im Reichenberger Bahnhof standen, eine fürchterliche Angst herrschte und die männlichen Mitglieder der Familie sich ducken mußten, damit man sie über den Rand des Waggons nicht sah. Sie sollten ja nicht fort.

Ich erinnere mich, daß wir über Dresden gefahren sind. Die Verbindungen zwischen den Bahnhöfen dort waren noch kaputt, und wir mußten durch diese ganz kaputte und zerbombte Stadt laufen. In den Bahnhöfen waren die Bahnsteige schwarz von Menschen. Wenn der Zug hielt, wurde zuerst das Gepäck reingehievt und reingeworfen, dann kletterten die Menschen nach. Es war alles ziemlich fürchterlich.

In Nordhausen in Thüringen sind wir schließlich steckengeblieben. Mein Vater wollte zwar weiter, aber die Großeltern hatten schlapp gemacht, es ging nicht. Wir sind dann in das Dorf Bösenrode geschickt worden. Als wir dort mit unseren Handwägelchen ankamen, Eltern, Großeltern, Geschwister, riefen die Leute im Ort: »Die Zigeuner kommen!« Das machte noch lange die Runde; für meine Eltern und vor allem die Großeltern war es schrecklich. Sie waren ja in Reichenberg angesehene Leute gewesen. Mich selbst hat es gar nicht gestört. Ich hatte von den Zigeunern eher lustige Vorstellungen.

In Bösenrode gab es natürlich auch für uns alle die Schwierigkeiten, die sattsam bekannt sind. Man war ja nicht erwünscht, wohin man kam, man wurde zwangseinquartiert, die Leute haben ihre Räume nicht freiwillig zur Verfügung gestellt. Und wir hatten natürlich auch nichts zu essen und kein Geld. Mein Vater hat dann in Nordhausen in einem Architekturbüro gearbeitet, meine Mutter strickte Pullover für ein Kilo Zucker. Dann und wann bekamen wir Wurstsuppe, wenn irgendwo geschlachtet wurde. Wir sind in Bösenrode ein Jahr geblieben, es war ein sehr kärgliches Leben dort. Ich fühlte mich oft zurückgesetzt, wenn zum Beispiel auf dem Schulhof in der Pause die Bauernkinder ihre dick mit Butter geschmierten Brote aßen. Ich mußte es mitansehen, wie sie an ihren Stullen kauten, und hatte so viel Hunger. Dann habe ich denen das Radschlagen beigebracht und dadurch Ansehen gewonnen.

Mein Vater hatte einmal einem Kunden irgendeine Gefälligkeit erwiesen, und der hatte wohl gesagt: »Wenn Sie mich mal brauchen...« Mein Vater wußte, daß er in Fischen im Allgäu lebt, und hat sich mit ihm von Bösenrode aus in Verbindung gesetzt. Er ist dann dreimal schwarz über die Grenze gegangen, bis er für uns dort Wohnung und Zuzugsgenehmigung bekommen hat. Dann haben wir wieder Viehwaggons bestiegen, diesmal aber geschlossene. Es war auch Winter. Im Dezember sind wir im Allgäu angekommen. Und das werde ich nie vergessen: Als der Zug in Fischen hielt, die Eisentür aufgemacht wurde und wir rausschauten, schneite es leicht.

In Fischen kam dann unser Leben langsam zur Ruhe. Mein Vater hatte dort eine Wohnung organisiert, zwei kleine Zimmer. Das Einleben im Allgäu war schon etwas schwierig; es

war dort damals anders als heute, eine richtige Berglermentalität, bloß niemanden reinlassen, nichts Fremdes. So durfte ich zum Beispiel in der Trachtengruppe nicht mittanzen, weil ich keine Einheimische war. Daran habe ich damals schwer getragen. Und dabei war das Eingewöhnen für uns Kinder noch viel leichter als für die Erwachsenen. Die Leute dort haben sich nur zögernd davon überzeugen lassen, daß die Flüchtlinge auch etwas können, und waren dann sehr erstaunt, als sie es plötzlich zu etwas brachten.
Mein Vater hatte zuerst in Kempten in einer Firma gearbeitet, mein Großvater in den Dörfern mit einem Maurer angefangen, bis sie sich wieder selbständig machen konnten. Das war aber erst nach der Währungsreform. Mein Vater hat es zwar dort zu hohem Ansehen gebracht, er war sogar eine Zeitlang Gemeinderat, aber er ist immer noch nicht voll integriert, das sicher nicht, obwohl er sich mit vielen gut versteht. Es war schon sehr schwierig, das Einleben dort.
Als wir nach Fischen kamen, bin ich noch ein halbes Jahr in die vierte Klasse der Volksschule gegangen und dann ins Gymnasium. Dort habe ich meine beste Freundin noch aus der Reichenberger Zeit wieder getroffen und später auch meinen Mann. Als er in unsere Klasse kam, waren wir – meine Freundin und ich – sofort Feuer und Flamme für ihn. Daran kann ich mich gut erinnern, denn er war auch einer von uns aus Böhmen. Das war damals etwas ganz Natürliches: Wenn man jemandem begegnete, und der war auch von daheim, das nahm erst einmal für den anderen ein. Man hat sich sofort an der Sprache erkannt; wir haben untereinander den Dialekt gesprochen, und meinem Mann hat man es sehr angehört, das rauhe Warnsdorfer »R«. Heute ist es nur ein Bruchteil davon, was es einmal war. Man nannte die Warnsdorfer auch die »Edelroller«. Am allerschönsten war es in Latein, wenn er *fuerunt* sagte. Das

machte uns recht glücklich, es zu hören, denn darin war ein Stück der Heimat, das war die Heimat.
Die entscheidende Rolle in unserer Beziehung hat die gemeinsame Heimat freilich nicht gespielt – wenigstens nicht bewußt. Da hat uns das gemeinsame Musizieren später mehr zusammengebracht. Aber es trug zu einer gewissen Offenheit für den anderen bei, das glaube ich schon, eine Sympathie war da. Es galt in dieser Zeit auch immer noch: Wir Vertriebene müssen zusammenhalten. Wenn man auf der Straße in Kempten oder anderswo ging oder im Geschäft stand und jemanden sprechen hörte, wußte man sofort, die sind auch von drüben, und man hat sie angesprochen: Wir kommen auch daher, und woher sind Sie denn? Gleich war ein Gespräch im Gange. Das war bei meinen Eltern genauso. Man hatte ein Ohr dafür, und das Gefühl der Zusammengehörigkeit war gleich da, ganz gewiß.
Insofern hatte die Tatsache, daß wir aus dem gleichen Fleckchen Erde stammen, die Kommunikation zwischen uns sicher – auch später – erleichtert. Es sind die gemeinsamen Wurzeln, die man immer wieder spürt, eine wortlose Verständigung über Dinge, die man jemand anderem erst mühsam erklären müßte. Darüber hinaus ist es aber auch eine Erfahrung, die wir mit vielen anderen teilen. Gerade vor kurzem haben wir es wieder erlebt. Wir saßen in einer Runde, und eine Frau, die aus Ostpreußen stammt und gerade dorthin eine Reise unternahm, berichtete über ihre Erlebnisse. So kamen wir auch auf unser Flüchtlingsdasein in dieser Zeit.
Die anderen, die sozusagen auf der anderen Seite standen, weil sie selber Einquartierungen bekamen, begannen sofort zu erzählen, wie gut sie zu den Flüchtlingen gewesen waren, ihnen Arbeit besorgt und das und jenes gegeben hatten. Dabei hatte eine der Frauen einen Ausdruck benutzt, den sie sicher nicht böse meinte: »Die hat man uns *reingesetzt*.« Da

sind wir drei sofort zusammengezuckt, weil man gerade darunter so gelitten hat, sich so hergelaufen vorkam. Das sitzt einfach in uns drin, aber es ist schwer zu vermitteln für denjenigen, der es selbst nicht erlebt hat.
Obwohl bei uns die Phase des Neubeginns ziemlich früh einsetzte, war die Hoffnung auf eine Rückkehr bei mir noch lange da. Es kam vom Großvater. Ich habe ihn sehr gemocht, und er hat mir viel erzählt und ist darin völlig aufgegangen. Er glaubte felsenfest, daß wir einmal zurückkehren, er hatte es auch nie begreifen wollen, was geschah. Man hatte es ja auch lange kultiviert. So bin ich in der ersten Zeit auf alle Treffen der Vertriebenen mitgeschleift worden, und ich habe darunter sehr gelitten, weil man immer zu mir sagte: »Die ist so groß geworden.« Und das war für mich das Fazit des ganzen Treffens.
Mein Vater hat allerdings sehr schnell auf dem Boden der Realität gestanden, während mein Großvater völlig handlungsunfähig war. Was gemacht wurde, das hat mein Vater für alle machen müssen, die zur Familie gehörten. Die waren alle so: Wir kommen wieder heim. Aber mein Vater sagte immer: Wir können doch nicht zurück und wieder anfangen.
Mein Vater hatte in Reichenberg mit vielen Handwerksfirmen zusammengearbeitet: mit Dachdeckern und Zimmerleuten, die Tschechen waren und in Reichenberg oder Umgebung ihre Betriebe hatten. Ich weiß, daß er sehr gut mit ihnen zusammengearbeitet hatte und später immer erzählte, wie schlecht es ihnen in der deutschen Zeit ging. Er steht noch heute mit zwei von ihnen in Briefkontakt. Er konnte auch Tschechisch, hatte es wohl in der Schule gelernt, meine Mutter dagegen kein Wort. Sie fahren alle zwei Jahre rüber, seitdem es wieder möglich ist. Wir haben auch noch Verwandte dort. Sie kommen zwar jedesmal sehr enttäuscht zurück, erzählen, wie schmutzig Reichenberg ist und wie alles

runtergekommen ist. Das war das letzte Mal, sagen sie dann immer, aber sie fahren doch wieder hin.

Solange wir in Bayern lebten, war es für meinen Mann und mich klar: Unsere Heimat, das ist Nordböhmen. Erst als wir aus Bayern hierhin kamen, haben wir gemerkt, daß wir im Allgäu zum zweitenmal Wurzeln geschlagen hatten. Das hat uns selber überrascht, denn das hatten wir gar nicht vermutet. Das geht bei mir bis zu Tränen, wenn wir nach ein paar Tagen im Allgäu wieder zurück müssen. Ich halte es dann hier eine Weile aus, aber dann brauche ich wieder, wie ich sage, die bayerische Luft, die Menschen dort. Natürlich kann ich hier leben und habe hier Ecken, die mir sehr lieb sind, aber das ganze addiert sich nicht zu dem Wert, wie ihn die erste oder die zweite Heimat für mich darstellt. Ich war neun Jahre alt, als wir ins Allgäu gekommen sind, und das ist doch eine lange Zeit, die wir dort verbracht haben.

Daß wir uns hier so schwer tun, liegt nicht so sehr an den Menschen als an uns selbst, an den Schwierigkeiten, die wir in uns tragen. Sicher steckt unser Heimatproblem auch mit drin. Wir hatten uns an Bayern als die zweite Heimat geklammert. Und zum drittenmal Wurzeln schlagen, dazu haben wir keine Kraft mehr.

Es war keine falsche Entscheidung, die Deutschen umzusiedeln...
Der Bodenbacher

Ich sage immer, daß ich aus Bodenbach stamme, obwohl es heute gar nicht mehr so heißt: Tetschen – Děčín 4, nennt man es jetzt. Aber als ich dort geboren wurde, war es eine deutsche Stadt. Meine Vorfahren kamen aus Pilsen, es mußten viele Tschechen darunter gewesen sein. Ein Teil der Familie sitzt immer noch dort, ich habe sie aber nie kennengelernt. Meine Mutter kam aus der Rumburger Gegend, einer sehr deutschen Ecke. Sie und mein Vater sind noch in Österreich geboren, meine Schwester in der ersten Tschechoslowakischen Republik, ich 1940 im Großdeutschen Reich, ohne daß wir den Wohnsitz geändert hätten.
Meine Tante und meine Cousine leben noch in der Tschechoslowakei in demselben Ort und in der gleichen Wohnung wie ihre Vorfahren schon seit zweihundert Jahren. Sie bekamen 1945 die tschechoslowakische Staatsbürgerschaft und sind geblieben. Meine Cousine hat als Kind nur deutsch gesprochen. Heute kennt sie kaum mehr ein Wort, sie ist ganz assimiliert.
Wir mußten damals unsere Wohnung in Bodenbach in dreißig Minuten verlassen. Was in dieser Zeit meiner Mutter in die Hände fiel und sie zusammenpacken konnte, das war alles, was uns geblieben ist. Das war, meine ich, nicht unbedingt notwendig, es auf diese Art und Weise durchzuführen. Aber das war wohl die »Eigeninitiative« der Leute, die unsere Wohnung haben wollten. Das entnehme ich wenigstens dem, was ich später gehört habe. Im Lager ging es natürlich weiter, es wurde wieder gefilzt, und die wertvollsten Sachen wurden weggenommen. Es finden sich immer Leute für sol-

che Geschäfte. Erst vor drei Jahren habe ich übrigens ein tschechisches Buch gelesen, in dem über diese Dinge mit einer gewissen Sachlichkeit gesprochen wird*.
Dann kam ein Jahr Zwangsarbeit in einer Gärtnerei bei Tetschen. Wir waren dort drei sudetendeutsche Familien, nur Frauen mit Kindern. Die Väter fehlten ja, sie waren zum Teil im Krieg geblieben. Die Zeit in der Gärtnerei habe ich in keiner schlechten Erinnerung, bis auf ein paar kleine Schäbigkeiten, die es dort auch gab. Ein halbes Jahr hat der Gärtner meiner Mutter die Vermißtenanzeige meines Vaters vorenthalten. Nach diesem Jahr der Zwangsarbeit, ich denke, es war auch so eine halbillegale Sache, ging es dann ein Vierteljahr durch sämtliche Lager. Es waren riesige Lager für tausende und abertausende Menschen, wo es ein ständiges Kommen und Gehen gab. Meine Mutter hat uns einmal in einem solchen Lager verloren und nur durch Zufall wiedergefunden. Das hat bei mir sicher Spuren hinterlassen, Ängste, wenn auch unterschwellige. Meinen sechsten Geburtstag habe ich im Lager in der Nähe von Torgau gefeiert, wenn man es feiern nennen kann. Bald sind wir dann mit anderen Leuten aus unserer Gegend umgesiedelt worden. Es war wohl keine Absicht, eher Zufall, daß die Transporte zusammengeblieben waren. Aber es hat doch in der ersten Zeit geholfen, wenn man die alten Bekannten um sich hatte.
Uns fiel manches leichter, weil unsere ganze Familie antifaschistisch orientiert war. Mein Onkel war ein Sozialdemokrat, und auch meine Großmutter war gegen Hitler. Sie gehörten zum Glück nicht zu denen, die es im Sudetenland massenweise gab. Sie flogen zwar auch raus, durften aber, weil sie den Antifaschistenstatus bekamen, viel mehr mitnehmen, praktisch ihre ganze Habe.
Auch mein Vater war Antifaschist. Er hatte wegen eines

---

* Karel Houba: Kariéry (Karrieren)

politischen Deliktes einige Monate gesessen und ist dann direkt an die Ostfront gekommen. Nach kurzer Zeit wurde er vermißt. Was er genau getan hat, weiß ich nicht. Es mußte aber schon mehr als eine politische Äußerung gewesen sein, weil sie zu viert als Gruppe verurteilt wurden.
Als die Nazis 1938 kamen, meinte mein Vater, nach außen hin Wohlwollen zeigen zu müssen, um nicht Schwierigkeiten zu bekommen, und ist der SA beigetreten, weil er es für das kleinere Übel hielt. Möglicherweise wollte er auf diese Art und Weise dem innerbetrieblichen Druck weichen. Der Witz bei der Sache war, daß seine Mitgliedschaft in der SA auch in dem Urteil erwähnt wurde und dies nach dem Krieg mehr zählte als seine antifaschistische Haltung und seine Verurteilung. Die Tschechen haben es als eine ganz üble Sache bewertet, noch schlimmer, als wenn er in der NSDAP gewesen wäre. Noch in der DDR hat meine Mutter als »die Witwe eines SA-Mannes« zeitweilig Schwierigkeiten gehabt. Für uns gab es hier also keine Erleichterung als Antifaschisten.
Ich denke, die ersten Jahre in Deutschland waren für mich prägender und schwerer als die Lagererfahrungen. Das schlimmste überhaupt war der Haß, der uns hier entgegenschlug, insbesondere in Sachsen. Für sie waren wir die Pollaken, wie alle, die von außen kamen. Viele waren ganz schön fies zu uns, nicht nur die Erwachsenen, auch die Kinder. Sie haben richtige Horden gebildet und uns verprügelt.
Merkwürdigerweise bin ich meinen Dialekt nie ganz losgeworden, obwohl ich schon seit meinem sechsten Lebensjahr in Sachsen lebe. Interessant war, daß manche Umsiedler in kürzester Zeit sächsischer als die Sachsen selbst sprachen. Meine Schwester, die damals schon dreizehn war, spricht auch heute noch sächsisch, sie hat sich ganz schnell angepaßt. In den Dörfern sind aber die Umsiedler auch heute noch, vierzig Jahre nach der Umsiedlung, »die Neuen«. Die

Großstädte haben sie längst geschluckt, aber auf dem Dorf ist die Integration noch nicht abgeschlossen. Die fleißigen Sudetendeutschen haben sich freilich mit ihrer Tüchtigkeit auch unbeliebt gemacht. Meine Mutter hat mit dem Zeug, was sie im Koffer hatte, immer an unseren Kleidern genäht und geflickt, so daß wir tadellos angezogen waren. Das hat wieder Neid erzeugt. Es hieß, wir werden begünstigt.

Die Umsiedlung bedeutete schon ein Herausreißen aus der vertrauten Umgebung, dem bisherigen Leben. Meine Mutter hat lange gebraucht, bis sie wieder auf die Beine kam. Aber schlimmer als die Umsiedlung war für sie, glaube ich, der Krieg und der Tod des Mannes. Ähnlich war es auch bei meinem Onkel. Nicht die Umsiedlung, sondern die Tatsache, daß der einzige Sohn gefallen war, machte sein Leben kaputt. Aber wer weiß, was die Älteren sagen würden, die Generationen an ihren Häuschen gebastelt hatten, wenn ihnen jemand diese Frage stellen würde?

Aber im nachhinein finde ich, es war keine falsche Entscheidung die Deutschen umzusiedeln in einer Zeit, in der sowieso Chaos herrschte. Später hätte es wieder Schwierigkeiten gegeben, davon bin ich fest überzeugt. Das ist doch überall so, wo es Minderheiten gibt, vor allem so starke Minderheiten wie die Sudetendeutschen. Die erste Tschechoslowakische Republik ist mit ihrem Nationalitätenproblem auch nicht fertig geworden, und das war ein demokratischer Staat. Man hätte wieder Sprach- und Schulprobleme gehabt, und diesen Komplikationen ist man aus dem Wege gegangen.

Ich hätte später dort auch nicht leben wollen, weil ich den Vergleich mit meiner Cousine hatte, obwohl ich vieles in der tschechischen Kultur mit großem Interesse verfolge. Wenn ich aber in der Tschechoslowakei sage, ich stamme aus Böhmen und fühle mich der tschechischen Kultur sehr nahe, reagieren viele so komisch, als ob ich zurück wollte. Sofort ist

eine Mauer, ein Mißtrauen da. Genauso ist es, wenn ich Bodenbach als meinen Geburtsort angebe. Es wird immer in Děčín 4 geändert. Das halte ich für ungeschichtlich, es sträubt sich in mir etwas dagegen. Natürlich würde ich heute Děčín 4 nicht Bodenbach nennen. Bodenbach gibt es nicht mehr, selbst wenn ein paar alte Häuser noch da stehen. Heute ist es eine tschechische Stadt. Aber als ich dort geboren wurde, hieß es eben Bodenbach. Und darauf möchte ich bestehen. Immerhin taucht der Name auch bei Hašek, Čapek und Werfel auf. Aber wenn ich in der Tschechoslowakei sage, ich komme aus Bodenbach, nehmen sie es so, als wenn ich alles rückgängig machen möchte. Die Empfindlichkeiten sind eben drüben noch sehr groß. Anscheinend sind sie damit auch nicht ganz klar gekommen, mit der Umsiedlerei. Man kann es kaum glauben. Aber vor kurzer Zeit ist meine Schwester, sie lebt in Sachsen, von ihren Kollegen angepöbelt worden, sie sei keine richtige Deutsche, sie solle die Gosche halten und sich gefälligst in die »Tschechei« zurückscheren. Das muß man sich vorstellen: Vierzig Jahre nach der Umsiedlung, und wo sie dazu noch so perfekt sächsisch spricht! Daß sie es überhaupt noch wußten! Meine Schwester hat sich nie um die Geschichte gekümmert, sie wußte nicht einmal, in welchem Staat sie geboren war. Jetzt hat es sie eingeholt.
Ich habe schon 1959 meine Tante besucht, als das Reisen noch gar nicht üblich war. Die Züge waren ganz leer. Erst in der Mitte der sechziger Jahre konnte man ungehindert nach Prag fahren. Ich habe damals noch viele Stellen wieder erkannt, rein optisch, aber sonst ist in meinem Gedächtnis nicht viel hängengeblieben. Ich glaube, es war gut für mich. Ich habe mir alles angesehen, und es wurde mir schnell klar: Es ist jetzt alles anders dort, und du bist da nicht mehr zu Hause. Fertig. Der Bodenbach, den ich in meinen sicher verklärten Erinnerungen habe, das Ausflugsziel mit den bunten

Dampferchen, den gibt es heute nicht mehr. Und mit dem anderen habe ich nichts zu tun. Ich bin auch nicht wieder hingefahren, obwohl ich öfters in die Tschechoslowakei komme. Aber dahin zieht es mich nicht. Es ist auch erschütternd, wie die Dörfer dort aussehen. Die DDR ist schon verfallen, aber Nordböhmen ist uns ein gutes Stück voraus. Wenn die Bevölkerung ausgetauscht wird, ist das eben so. Die Tschechen, die jetzt dort leben, gehören auch nicht hin. Mit der Heimat ist es bei mir so eine Sache. Ich bin in Sachsen groß geworden. Ich habe dort zwanzig Jahre verbracht – und bin, ohne es zu bedauern, wieder weggezogen. Daran habe ich gemerkt, daß ich dort nicht richtig zu Hause war. Die Stadt, in der ich aufgewachsen bin, ist mir heute fremder als manche andere. Am wohlsten fühle ich mich hier im Märkischen, wo ich seit fünfundzwanzig Jahre lebe. Die Frage, wo ich eigentlich zu Hause bin, hat mich zeitweilig sehr beschäftigt. Es ist sicher altersbedingt, wenn man sich fragt, woher man kommt, wo man seine Wurzeln hat. Ich meine, es wird immer eine Frage bleiben. Heute würde ich sagen, ich habe meine Wurzeln dort, wo mein Arbeitstisch steht. Die Arbeit, vor allem die ungetane, ist meine Heimat.

1945 ist mein Vater Nazi geworden...
Die Budweiserin II

An Budweis, wo ich die ersten fünf Jahre meines Lebens verbrachte, habe ich viele liebe Erinnerungen. Vater und Mutter bildeten eine schöne Einheit. Vom Krieg haben wir wenig gemerkt, im Luftschutzkeller hat uns die Mutter Geschichten erzählt und gesungen.
Es kam oft ein Nachbarjunge zu uns zum Spielen, und auch meine Cousins und Cousinen waren da. Den Sommer verbrachten wir in Trautmanns. Der Vater kam jeden Abend von Budweis zu uns, und wir waren wieder beisammen. Der Vater war der technische Leiter unserer Fabrik. Es war ein alter Familienbesitz.
Nach dem ersten Bombenabwurf entschied der Vater, daß wir mit der Mutter in den Böhmerwald gehen sollen. Er wollte nicht, daß wir in Budweis die Umsturztage erleben. Die Mutter hatte für ca. vier Wochen Sachen eingepackt, so wie man es sich dachte. Sie hatte allerdings auch alle Dokumente und ihr Lehrerdiplom mitgenommen, und wir sind nach Solnau unter dem Fleckenstein an der bayerisch-österreichischen Grenze gefahren. Dort hat uns der Vater jedes Wochenende besucht; und Gott sei Dank war er auch an dem Wochenende da, als die Russen in Budweis einmarschierten.
Ich kann mich noch erinnern, wie die Mutter einmal – es war in dem letzten Kriegswinter – entsetzt vom Hausieren nach Hause kam, weil sie im Zug schlesische Flüchtlingsfrauen traf, die für ihre Kinder nichts zum Essen hatten. Die Mutter hatte ihnen nicht nur das gegeben, was sie gerade gehamstert hatte, sondern noch den Vater zum Bahnhof geschickt mit Sachen, weil sie den Jammer nicht sehen konnte. Wer hätte geahnt, daß wir bald auch Flüchtlinge würden!

Das Ende des Krieges haben wir in Neuofen erlebt. Es wurde hin und her geschossen, und plötzlich waren die Amerikaner da. Sie waren sehr nett zu uns Kindern und verteilten immer Sachen. Bei den Bauern, wo wir unser Zimmer hatten, waren sehr viele Kinder, es waren auch schon Flüchtlinge da. Wir waren aber damals noch Urlaubsgäste. Dann kamen aber schon die ersten Flüchtlinge aus Budweis, die gerade dem entronnen sind, was dort jetzt im Gange war. Was sie erzählten, war schrecklich. Sie hörten zwar immer auf, wenn Kinder in der Nähe waren, aber man kriegte doch genug mit: Den haben sie erschlagen, der ist malträtiert worden und so weiter. Für meine Eltern waren es alles bekannte Menschen.
Dann sickerte eine Nachricht durch, daß die Amerikaner den Russen ganz Böhmen überlassen. Mein Vater hatte zwar nicht gedacht, daß es für immer ist, meinte aber doch, bevor die Amerikaner Böhmen verlassen, verlassen wir es lieber auch. Und so sind wir an Pfingsten 1945 zu Fuß über die Grenze gegangen. Es war nur ein Sparziergang, aber daß es ein bedeutsamer Spaziergang war, wußte ich schon.
Der erste Ort, wo wir landeten, war Lackenhäuser am Fuße des Dreisesselberges. Der Vater war schon vorher zu den Bauern in Lackenhäuser hingegangen und hatte herumgefragt, wer uns aufnimmt, wenn wir kommen. Es hat uns ein altes Ehepaar aufgenommen, das eine kleine Landwirtschaft betrieb.
Nach einem Vierteljahr sind wir von Lackenhäuser weiter ins Rottal gezogen, weil mein Vater wußte, daß die Bauern in Lackenhäuser im Winter selbst hungern würden. Sie waren äußerst arm.
Im Rottal hatte der Vater wieder eine Bauernfamilie gefunden, die uns aufnahm, weil die Evakuierten schon fort waren. Wir hatten dort wieder ein gutes Unterkommen, das heißt, ein Stübchen, ein Schlafzimmer und eine kleine Kü-

che. Der Vater ging als Knecht, denn von irgendwas mußten wir ja leben. Er hatte auch sein Motorrad verkauft, weil er es nicht mehr brauchte. Es gab dafür einen Sack Mehl und einen Sack Zucker. Die Bauernarbeit war für den Vater gar nicht gut. Er war ziemlich groß, eine solche Arbeit nicht gewohnt, er hätte es auch nicht lange ausgehalten. Die Bauern hatten Arbeitskräfte noch und noch.
Dann hat er das Strohschuhflechten angefangen, das er vom Böhmerwald her kannte. Das Stroh gab es gratis, die Sohlen bekam man in einem Armeelager. Wir haben alle geflochten, der Vater, die Mutter, die Kinder, die Zöpfe wurden von Wand zu Wand gespannt. Dann verzierte die Mutter die Strohschuhe und wir sind damit hausieren gegangen. Den Verkauf übernahm der Vater. Die Mutter hätte es nicht gekonnt, von Tür zu Tür zu gehen und zu fragen: Wollen Sie nicht Strohschuhe? Ich ging gerne mit dem Vater. Er sagte auch, es ist gut, wenn ich dabei bin als Kind, er kriegt dann mehr. Bezahlung gab es nur in Form von Butter, Eiern und Brot.
Nach zwei Jahren Strohschuhflechten bekam meine Mutter eine Stelle als Lehrerin, nachdem sie entnazifiziert war. Sie wurde als unbelastet eingestuft, hat aber immerhin zwei Jahre warten müssen, bis sie unterrichten durfte. Das war auch ein Kapitel, diese Spruchkammer, und wer da zu Gericht saß. Meine Mutter war in der Partei, und sie war irgendwie auch begeistert von den Ideen. Die Familie meines Vaters dagegen war gegenüber Hitler, dem Proletarier, eher skeptisch bis ablehnend eingestellt. Warum der Vater trotzdem Parteimitglied wurde, weiß ich nicht. Bei der Entnazifizierung wurde er als Mitläufer eingestuft.
Ich kann verstehen, daß man als Deutscher vom Nationalsozialismus begeistert war. Nach 1918 wurden viele deutsche Schulen geschlossen, so daß meine Mutter, als sie mit ihrem Studium fertig war, keine Anstellung fand. Sie mußte in die

Slowakei. Es war doch so, daß überall in die deutschen Dörfer ein tschechischer Postbeamter, ein tschechischer Bahnbeamter oder Zollbeamter kamen, und für deren Kinder wurde dann eine tschechische Schule gegründet. Aber wenn deutsche Staatsbeamte in die tschechischen Gebiete versetzt wurden, wie zum Beispiel mein Onkel, der als Richter aus Krummau nach Tábor versetzt wurde, wurden keine deutschen Schulen gegründet. So war es auch in Ottau, wo meine Mutter später war. Für fünf, sechs tschechische Kinder gab es dort eine tschechische Schule. Die Kinder bekamen dort zu Weihnachten Geschenke, so daß jetzt auch deutsche Kinder, vor allem arme Kinder, in die tschechische Schule gingen wegen der Geschenke. Das hatte zwar in Ottau nicht zur Schließung der Schule geführt, dort gab es immer noch genug deutsche Kinder, aber man fühlte sich doch als Deutscher benachteiligt in der neuen Tschechoslowakischen Republik. Deswegen waren einige auch sehr begeistert von der Bewegung. Man hatte sich eine Wendung zum Besseren erhofft durch das Dritte Reich. Und dann kam der Krieg.
Als wir 1981 in Budweis waren, sind wir dort von einer jüdischen Freundin meiner Tante mit einer derart überwältigenden Herzlichkeit empfangen worden, daß ich sie nach dem Grund fragte. »Dein Vater hat mich immer gezwungen, mit euch spazieren zu gehen, als ich schon den Judenstern tragen mußte«, sagte sie mir. Die Mutter hat mir dann erzählt, sie wollte ihnen zwar immer ausweichen, als sie den Judenstern trug, aber der Vater sagte zu ihr: »So ein Unsinn. Wir waren Freunde, wir bleiben Freunde.« Er gehörte also nicht zu denen, die mit den Wölfen heulten, er hatte seine Meinung behalten.
Auch unsere Firma wurde immer zweisprachig beschriftet. Zur Zeit der Tschechoslowakischen Republik wurden wir aufgefordert, die deutsche Inschrift wegzulassen. Das hat der Vater nicht gemacht. Während des Protektorats wie-

derum die tschechische wegzulassen, das hat der Vater auch nicht gemacht. Budweis war eine zweisprachige Stadt, und wir waren eine deutsche Familie, aber wir waren nicht nationalistisch.

Aber 1945, nach dem, was er alles gehört und erlebt hatte, sagte mein Vater, jetzt sei er Nazi geworden. Jetzt sieht er, Hitler habe recht in allem, was er über die Tschechen und die Russen und die Polen gesagt hatte. Seinen besten Freund haben die Tschechen aufgehängt, einen Mann, wie man sich ihn netter nicht vorstellen kann. Und ein anderer Bekannter von uns ist im Uranbergwerk an den Folgen der Zwangsarbeit gestorben. Eine weitere Freundin ist zu lebenslänglich verurteilt worden, weil sie in Lischau eine deutsche Schule gegründet hatte, die es vorher dort nie gab. Daß sie vielen geholfen hatte, wurde als Beweis gewertet, welchen Einfluß sie in der Partei hatte. Es hatten sich Lischauer als Entlastungszeugen melden wollen, sie wurden aber nicht zugelassen.

Die Namen der siebzigtausend jüdischen Opfer sind in Prag in einer Synagoge auf einer Tafel festgehalten, die sind der Welt bekannt, aber die 240 000* Sudetendeutschen, die 1945 ums Leben kamen, von denen weiß niemand, weil darüber auch kaum gesprochen wird. Hier gibt es immer noch Prozesse gegen Naziverbrecher. Bei jedem Prozeß wird darüber ausführlich in sämtlichen Medien berichtet, aber in der Tschechoslowakei gab es 1948 eine Generalamnestie für alle 1945 begangenen Verbrechen. Hätte man 1945 in Budweis meinen Vater umgebracht, hätte bis heute kein Hahn danach gekräht. Wir waren Deutsche, aber daß wir als Nazis abgehandelt wurden, das kränkt mich irgendwie immer noch. Es wird überhaupt viel vermengt und einseitig geschildert. Die

---

* nach: Alfred Bohmann: Das Sudetendeutschtum in Zahlen, München 1959, S. 252; insg. 241 000 Personen, darunter Tote, Vermißte und Personen unbekannten Aufenthalts.

Kinder von hier bekommen in der elften Klasse Dachau gezeigt. Sie lernen im Unterricht ausführlicher über die Greuel der Deutschen als über die Greuel, die die Deutschen erlitten haben. Das gehört offensichtlich dazu. Wenn man nach dem Ersten Weltkrieg vom Unrecht von Versailles und St. Germain sprach, dann war das harmlos im Vergleich zum Unrecht von Potsdam, weil Potsdam die Vertreibung gebracht hatte, während nach dem Ersten Weltkrieg nur Gebiete abgetrennt wurden.

Wenn man sagt, im alten Österreich wurden den einzelnen Nationen ihre Rechte nicht in ausreichendem Maße gegeben – sonst wäre ja der Staat nicht zerfallen –, dann muß man auch sehen, daß die Folgestaaten des alten Österreichs ihre deutschen Minderheiten hart behandelt haben. Es war sicherlich im Vergleich zur Monarchie eine Eskalation. Die nächste Stufe der Eskalation war Hitler, die noch weitere waren die Verbrechen an den Deutschen nach dem Ende des Zweiten Weltkrieges. Und jetzt ist es aus mit der Rache oder mit der Eskalation, und damit die Deutschen das schlucken, muß man ihnen immer wieder von den Verbrechen Hitlers erzählen.

Als Kind war ich ziemlich voll von dem, was ich so gehört hatte. Auch in Lackenhäuser gab es viele, die vorbeigezogen sind und über die Gewalttaten der Tschechen, Polen oder Russen erzählten. Und dann kam ich in die Schule. Und was hörte ich? Immer nur, was die Deutschen getan haben. Das hat mich schon gestört.

Und es ist auch jetzt immer noch so. Wenn man sich die Bücher und die Zeitschriften anschaut – es wird immer wieder aufgerollt, was im Dritten Reich war. Mein Erleben ist ein ganz anderes. Die Deutschen, die ich kannte, die von den Tschechen umgebracht oder mißhandelt worden sind, das sind in der Beurteilung der Welt die Nazis, die es verdient hatten. Aber für mich waren es die liebsten Menschen.

Besonders schmerzt mich die Sache mit meinem Vater. Mein Vater kam nach dem Ersten Weltkrieg als junger Mann in die Firma. Er hatte schwer zu kämpfen in den ersten Jahren der Tschechoslowakischen Republik. Unsere Fabrik hatte vorher Staatsaufträge in ganz Österreich gehabt. Sie stellte vor allem Schilder für die Eisenbahn her, und der tschechische Staat, das war schon eine Art von Nationalismus, hat den deutschen Firmen keine Aufträge mehr gegeben. Der Vater hatte den Betrieb von der Schilderherstellung weitgehend auf Installationen und Heizungsbau umgestellt. Es waren Privataufträge von Böhmerwalddörfern, die jetzt Wasserleitungen bekamen, so daß die Fabrik, die eigentlich schon zum Bankrott verurteilt war, sich doch halten konnte.
Aber es war ein schwerer wirtschaftlicher Einbruch für die ganze Familie. Vorher war sie sehr gut situiert, hatte am Attersee ein Segelboot. Ein ganz anderes gesellschaftliches Leben gab es damals in Budweis. Mein Vater hätte gerne weiter studiert, den Diplomingenieur gemacht. Aber das lange Studium konnte er sich nicht mehr leisten. Er mußte rasch in die Firma einsteigen. Er hatte alle Schwierigkeiten gemeistert, die Firma gerettet – und nach dem Zweiten Weltkrieg verliert er den ganzen Betrieb, nicht nur die Aufträge, sondern den gesamten Besitz.
In Niederbayern war der Vater dann fünf Jahre arbeitslos. Ab 1947 haben wir von dem Gehalt der Mutter gelebt. Der Vater hat für uns gekocht, wir haben mit ihm Holz gesammelt, Pilze gesucht, Beeren gepflückt. Er hat den Bauern, weil er Englisch konnte, Briefe übersetzt und den Kindern bei den Hausaufgaben geholfen. Wir galten zwar als Flüchtlinge, wurden aber nicht diskriminiert. Die Leute waren recht nett zu uns. Im Vergleich mit den anderen haben wir es eigentlich gut getroffen. Ich habe aber das Unrecht, das meinem Vater angetan wurde, doch sehr stark mitgefühlt.
Er wollte sich wieder selbständig machen, hat es aber nicht

mehr geschafft. Er hat sich bei vielen Stellen beworben, aber keiner hat ihn eingestellt, weil er schon älter war. Er hatte viele Patente, die er in Budweis in der Firma verwerten konnte. Hier hat sie ihm keiner abgekauft. Er war eben ein Flüchtling. Er hätte vielleicht in dem Dorf, wo wir damals wohnten, eine Wasserleitung bauen können, eine Quelle hatte er schon dafür gefunden. Es ist nichts daraus geworden. Erst 1950 hatten wir so viel Geld, daß er nach Westen fahren konnte. Im Bayerischen Wald gab es ja keine Industrie. So bekam er in Wiesbaden eine Anstellung. Da er kein Diplomingenieur war, bekam er nur eine untergeordnete Stelle. Er hatte über sich Leute, die sicher nicht mehr wußten als er. Das ist ihm recht nahe gegangen. Noch 1953 hatte er es wieder mit der Selbständigkeit versucht, wollte im Harz eine Firma übernehmen. Das kam aber nicht zustande, da er über das Geld aus dem Lastenausgleich noch nicht verfügte. Dann hat er resigniert. 1955 ist er schon gestorben, und die Mutter meint, er habe es nicht verkraftet. Ich habe meinen Vater sehr geliebt, und er ist so früh gestorben, ich war erst vierzehn. Nicht wir Kinder, die Eltern waren die eigentlichen Opfer. Denn als Kind hatte ich den sozialen Abstieg gar nicht erlebt, weil ich in Budweis noch keine soziale Position hatte außerhalb der Familie.

Wir Kinder hatten dadurch, daß meine Eltern tüchtige und fleißige Menschen waren, immer eine gute soziale Position, ganz gleich, wo wir eigentlich waren. Aber für den Vater war es der Abstieg.

Später hatte er immer gesagt, 1946 hätte man sich selbständig machen müssen, das wäre der richtige Zeitpunkt gewesen. Damals hatte er aber gedacht, wir kommen wieder heim. Das hat man ja lange gedacht.

Die Vertreibung hat weder den Vertreibern noch dem Land gutgetan...
Der Friedländer

Mein Vater war ein Schuhmachermeister in Friedland im Waldburger Bergland an der schlesisch-böhmischen Grenze und hatte in der katholischen Gemeinde auch das Amt des Küsters und Totengräbers inne. Er gehörte der christlichen Arbeitnehmerschaft an und war Kreistagsabgeordneter der Zentrumspartei. Ich bin als das jüngste Kind meiner Eltern, ein später Nachkömmling, 1928 geboren. Mein Vater war damals schon siebenundfünfzig Jahre alt.
Mein Vater hatte zwei sehr gute Freunde, mit denen er sich fast jede Woche traf. Ich war als Kind oft dabei. Der eine war der Sturmbannführer der SA, der andere der Vorsitzende der Kommunistischen Partei. In der Beurteilung der sozialen Fragen waren sie sich weitgehend einig, aber auch wenn sie über die politischen Lösungen unterschiedlicher Meinung waren, haben sie sich nie angegiftet, sie haben sich immer die Hand gegeben, zusammen einen Schnaps getrunken. Das hat mir später furchtbar imponiert, daß es möglich war. In diesem Geist der Toleranz bin ich groß geworden.
Die Grenze zwischen Schlesien und Böhmen war damals offen. Bis zum sechzehnten Lebensjahr brauchte man keinen Ausweis. Meine Eltern besaßen einen Dauergrenzausweis, aber den mußte man an der Grenze gar nicht zeigen. Man kannte sich ja. Am Sonntag standen in Friedland viele tschechische Wagen, genauso wie in Braunau die deutschen. Wenn jemand nach drüben heiratete, sagte man bei uns »Er hat über den Berg geheiratet«, wenn es umgekehrt war, kam man »von über dem Berg«. Es gab auch tschechische Namen bei uns, und wenn man Tschechisch auf der Straße hörte,

hat sich keiner umgedreht. Aber national gemischt war das Gebiet nicht. Friedland war rein deutsch, es war eher ein Überlappungsgebiet, wie etwa zwischen dem Saarland und dem Elsaß oder an der deutschen Grenze zu Belgien.
In der Zeit damals gab es ziemlich viel soziales Elend. Im Westen, im Ruhrgebiet war es besser als bei uns. Dort konnte man auch mehr Geld verdienen. Meine älteren Geschwister sind alle von zu Hause weggegangen, weil es für sie bei uns keine Perspektive gab. Viele gingen auch nach Berlin.
Schlesien hatte fast alle zweihundert Jahre die Staatshoheit gewechselt, aber die Menschen sind immer die gleichen geblieben. Die Schlesier hielt man für harmoniebedürftig und arbeitsam, fähig, etwas aus dem zu machen, was man vorfand, aber auch bereit, gegen Unrecht anzugehen. Einfluß auf die schlesische Mentalität hatte auch der Wechsel von Österreich zu Preußen. Auf der einen Seite das Leichte und Charmante des Österreichischen, auf der anderen die preußische Strenge und Pünktlichkeit. Dazu kamen die konfessionellen Unterschiede, das katholische Österreich gegen das protestantische Preußen.
Die nationalsozialistische Machtübernahme war für meinen Vater eine schlimme Sache. Ich kann mich noch gut erinnern, in welcher bedrückten Stimmung meine Eltern die nationalsozialistische Feier nach der Machtergreifung auf dem Friedländer Ring aus dem Fenster unserer Wohnung verfolgten.
Ich habe dann später die Konflikte zwischen den christlichen Pfadfindern und den Hitlerjungen erlebt, bis alle Jugendorganisationen aufgelöst wurden und wir alle in die Hitlerjugend mußten. Einige Führer aus der früheren Bündischen Jugend versuchten dann, die Hitlerjugend zu unterwandern, was ihnen teilweise auch gelang.
Über den christlichen Gewerkschafter Jakob Kaiser hatte

mein Vater eine Verbindung zu dem Kreis um die Widerstandsgruppe des 20. Juli. Nach dem Attentat konnte es auch für ihn gefährlich werden. Die Gestapo war auch bei uns, und der Freund meines Vaters, der SA-Sturmbannführer, meinte, ich soll aus Friedland verschwinden. Die einzige Möglichkeit war, sich freiwillig zum Kriegsdienst zu melden. Ich war damals fünfzehneinhalb Jahre alt und hatte gerade die Tischlerlehre begonnen.
Ich kam in den Westen zur Ausbildung. Zum Einsatz kamen wir in dem sogenannten Ruhrkessel in der Endphase des Krieges. Unser Kompaniechef war ein alter Fronthase. Er versprach uns, in diesem Durcheinander so lange bei uns zu bleiben, bis wir gesund in Gefangenschaft kämen. Denn zu der Zeit wurde auch Jagd auf Soldaten gemacht, die keinen Marschbefehl hatten. Das wollte er uns ersparen. Er brachte uns bis nach Remagen, und plötzlich war er weg.
Die ganze Einheit kam dann in amerikanische Gefangenschaft. Wir waren alle etwa in dem gleichen Alter. Die Amerikaner, das muß man schon sagen, haben uns recht ordentlich behandelt.
Im Oktober 1945 wurden wir entlassen, und ich habe mich mit meinem Entlassungsschein auf den Weg gemacht. Ich kam bis nach Görlitz zur Demarkationslinie. Dort trafen sich mehrere Schlesier, ein Feldwebel führte uns. Die Grenze war ab September 1945 schon zu, die polnische rotweiße Fahne ging hoch. An der Oder lagen zigtausende Schlesier, aber die Polen haben niemanden mehr reingelassen. Die Flucht setzte schon ein. Uns haben die deutschen Molkereiarbeiter – die Molkerei stand schon hinter der Demarkationslinie – eingeschleust. Die Felduniform fiel nicht weiter auf, die trug jeder zweite in dieser Zeit.
Ich bin bis nach Landshut gekommen, ziemlich weit. Dort hat mich die polnische Miliz geschnappt und mit einigen anderen nach Görlitz zurückgebracht. Da hatten wir noch viel

Glück, daß wir nicht zum Einsatz nach Warschau gebracht wurden. Aber man sagte uns, die Polen hatten Respekt vor einem amerikanischen Entlassungsschein. Nochmals nach Hause zurück, habe ich mich nicht getraut. Ich ging zurück in den Westen und bin auf dem Weg ein paarmal den russischen Kontrollen entkommen. Die nahmen die Leute wahllos fest. Als ich die englische Besatzungszone erreichte, dachte ich: Nie wieder zurück. Die Atmosphäre im Westen war ganz anders. Drüben herrschte irgendwie eine Willkür, in jedem Augenblick konnte etwas Unvorhersehbares passieren. Der englische Soldat an der Grenze gab mir eine Schachtel Zigaretten und wünschte mir viel Glück.
Ein Jesuitenpater aus Breslau hat mich dann zu sich an die Ruhr geholt. Ich habe auf einem Bauernhof gewohnt, konnte meine Tischlerlehre fortsetzen. Es war schon Wehmut da, vor allem an Weihnachten. Die ersten zwei Jahre hat man wie auf den Koffern gelebt, gewartet, daß sich etwas ändert, wir zurück können. Ich bin aber im Westen gut aufgenommen worden, der Bauer sagte mir immer: »Du kannst es nicht ändern, richte dich hier ein, als solltest du hier für immer bleiben. Wenn sich etwas ändert, hast du immer noch Zeit, dich darauf einzustellen.«
Dann trafen schon die Briefe von den Eltern ein. Sie sind zuerst in Friedland geblieben, 1947 am Heiligenabend innerhalb von zehn Minuten mußten sie das Haus verlassen. Sie kamen nach Leipzig, wollten, daß ich rüber komme. Aber ich hatte meine Lehre noch nicht beendet, und ehrlich gesagt, ich hatte keine Lust, vielleicht sogar Angst vor dem System drüben.
Meine Eltern blieben in Leipzig, und drei Jahre später sind sie dort beide gestorben. Ich habe sie nicht mehr wiedergesehen. Meine ältere Schwester, die bei ihnen war, ist drüben geblieben. Auch sie habe ich nicht mehr gesehen. Und zu Hause war ich auch noch nicht.

Zuerst ging es nicht, dann war ich bei der Bundeswehr und durfte nicht. Manche haben sich zwar darüber hinweggesetzt. Ich habe bald meine Frau kennengelernt – sie ist eine gebürtige Breslauerin –, und da war für mich die Familie der Mittelpunkt. Demnächst – ich bin jetzt pensioniert – will ich rüber fahren. Ich habe schon Sehnsucht danach. Es ist ein herrliches Land, ich möchte es noch einmal sehen. Von meinen früheren Schulkameraden unterschiedlicher Altersstufen sind etwa zehn oder zwölf drüben geblieben. Aus verschiedenen Gründen.
Zu Hause bin ich zwar heute in Köln, aber die Heimat ist Schlesien, die Verwurzelung, das, was ich bin, das ist Schlesien. Trotzdem fühle ich mich in Köln nicht fremd. »Der Schlesier ist der Rheinländer des Ostens«, sagte man früher. Vielleicht spielt es eine Rolle. Wir sind schon irgendwie artverwandt, in der Form der Gemütlichkeit, im Feiern.
Es war für mich sicherlich am Anfang auch leichter, mich hier im Westen zurechtzufinden. Ich war ein junger Mensch ohne Anhang. Dem half jeder. Ich glaube aber auch, daß mein Leben hier reicher geworden ist. Ich weiß nicht, ob mir der kleine Lebensraum in Friedland gereicht hätte. Meine Geschwister waren seinerzeit schließlich auch weggegangen. Heimweh hatte ich schon, vor allem an Weihnachten. Man dachte daran, wie schön die Christnacht bei uns war. Je mehr Zeit verging, desto schöner war die Erinnerung. Und man dachte, hier ist es nicht mehr so. Vor allem die alten Weihnachtslieder haben mir gefehlt. Die saßen so fest in einem drin. Es war schon ein Bruch im Leben. Vielleicht erleichtert der Besuch das Ganze.
Daß jemand, der länger drüben geblieben war und sich ungerecht behandelt fühlte, drangsaliert wurde, eine andere Einstellung zu den Dingen hat als wir, die schon vorher weg waren, ist verständlich. Es gibt Menschen, die haben richtige Haßgefühle gegen die Polen. Wenn jetzt die Aussiedler

kommen, die kaum deutsch sprechen, nur polnisch, da schwillt schon manchen Altvertriebenen der Kamm, wenn sie polnische Laute hören, die für sie mit der Vertreibung verbunden sind. Ähnlich geht es auch manchem KZ-Häftling mit der deutschen Sprache. Das steckt eben in einem drin.
Lange Jahre habe ich von der Heimat geträumt und dabei so laut gestöhnt, daß meine Frau immer wach wurde. Zum letztenmal, das ist so drei Jahre her, bin ich im Traum zu Fuß nach Friedland gegangen. Am Ortseingang traf ich den Metzger von der »Goldenen Sonne« und habe ihn gefragt, so laut, daß ich es selber hören konnte: Sind noch viele Deutsche da?
Ich bin nach wie vor der Meinung, daß unser Anspruch auf Schlesien besteht. Man müßte sich nur in irgendeiner Art und Weise näher kommen. Gutwillige Menschen, die sachlich miteinander reden, könnten es. Nur spielen bisher immer die Ideologien hinein, die alles erschweren. Man kann natürlich die Menschen, die heute dort leben, nicht wieder vertreiben, dieser Auffassung sind wir Schlesier auch. Das Problem ist eigentlich nicht, wessen Staatsgebiet es ist, sondern daß die Polen den Deutschen, die dort leben, Volksgruppenrechte einräumen, und Schlesier, die zurück wollen, auch zurück können.
Die Polen stünden heute sicher besser da, hätten sie die Vertreibung nicht durchgeführt. Bei der Vertreibung hat man zu wenig an die Zukunft gedacht, sich nicht vorgestellt, wie schlimm es ist für das Land, wenn Menschen hineinziehen, die dazu kein Verhältnis haben, in dem Land nicht verwurzelt sind. Die Ergebnisse sieht man ja. Es hat weder den Vertreibern noch dem Land gut getan.

Mit den Tschechen verbindet uns viel...
Die Trautenauerin

Wir wohnten in einem ganz kleinen Dorf bei Trautenau. Unser Haus stand etwas abseits des Dorfes auf einer Anhöhe, umgeben von Wiesen und Wald. Meine Eltern haben es selbst gebaut. 1938 waren sie fertig, 1939 brach der Krieg aus. Im November 1939 kam ich zur Welt. Von sechs Geschwistern sind wir vier am Leben geblieben.
Wir wurden nach Mecklenburg ausgesiedelt. Man hat uns Kindern gesagt, jetzt geht es »Heim ins Reich«, als wir uns fertig machten zur Umsiedlung. Jeden Tag bekam ein Dorf oder ein Städtchen die Nachricht: Jetzt seid ihr dran. Bei uns war die Bevölkerung gemischt, und zwischen den Deutschen und den Tschechen gab es vor dem Krieg harte Auseinandersetzungen. Es ist vielleicht auch geschürt worden. Wir Kinder, erinnere ich mich, hatten keine so riesengroße Angst vor der Umsiedlung. So wie wir in der DDR jetzt glauben, drüben in der Bundesrepublik die Freiheit und Eigenständigkeit zu bekommen, haben es vielleicht auch die Sudetendeutschen geglaubt – sie wurden ja unterdrückt von den Tschechen. Es war bestimmt ein Irrtum, ich kann mich aber sehr gut daran erinnern, wie oft meine Eltern dieses »Heim ins Reich« ausgesprochen haben.
Wir kamen hier an. Meine Mutter hatte ein großes Bündel auf dem Rücken, da waren zwei Oberbetten drin, und zwei Gepäckstücke in den Händen mit Besteck und Geschirr. Jedes der Kinder trug einen Rucksack mit trockenem Brot und etwas zum Anziehen. Das war auch unsere Hauptaufgabe in den letzten Wochen vor der Aussiedlung: das Brot zu rösten und in unsere Rucksäckchen zu stapeln. So gingen wir damals auf die Wanderung oder wie man es nennen mag. Als es dann hieß: antreten, die Häuser verlassen, ahnten wir noch nicht, welches Schicksal auf uns zukäme.

Die Mecklenburger waren nicht gerade entzückt, als wir kamen. Wir Kinder haben aber die Umsiedlung nicht als ein solches Drama erlebt. Meine Mutter war eine Frau, die sich vom Schicksal nie unterkriegen ließ, immer einen Ausweg fand. »Solange wir das Leben haben, sind wir nicht verloren«, sagte sie immer.
In Söberle, so hieß unser Dorf, hatten meine Eltern eine kleine Landwirtschaft mit Kühen, Hühnern, allem, was dazu gehört. Wir liefen einfach mit der Natur verbunden herum und waren unbeschwert, Angst kannten wir nicht. Von unserer Wiese aus haben wir die Schneekoppe gesehen. Ich erinnere mich noch an den Bach, in dem wir immer Wäsche spülen gegangen sind mit unserer Mutter. Es war ein sauberes, klares Wasser.
Unseren Vater habe ich in meinem Leben nur ganz selten gesehen. Im September 1939 begann der Krieg. Er wurde gleich eingezogen. Ich habe ihn nur gesehen, wenn bei uns ein Kind geboren wurde. Er mußte ein guter Vater gewesen sein. Wenn er da war, saßen wir alle um ihn herum, das weiß ich noch ganz genau. Er fiel 1944.
1968 war ich wieder in der Tschechoslowakei bei einer Cousine meiner Mutter, die mit einem Tschechen verheiratet war und drüben geblieben ist. Sie zeigte uns alle Ortschaften, in denen meine Eltern gewesen waren, damit ich überhaupt wußte, was es hieß: meine Heimat. Eines Tages gingen wir auch gemeinsam in unser Dorf. Als wir von unten die Straße hinaufgingen, schrie ich plötzlich: »Das ist unser Haus!« Ich riß mich los und rannte und rannte in unser Haus. Ich klopfte nicht an, ich ging einfach hinein und sagte nur: mein Haus, mein Haus. Ich erkannte den Ofen wieder, wir hatten einen ganz besonderen, sehr praktischen Ofen zum Kochen, Backen und Heizen. Inzwischen kam die Tante dazu und erklärte den Hausbewohnern, daß ich dort früher gewohnt hatte. Sie konnte es gar nicht fassen, daß ich so außer Rand

und Band war. Ich sagte nur, ich muß noch dahin und dorthin, und lief durch das ganze Haus bis auf den Boden hinauf, und dort stand noch unser großes hölzernes Kreuz, vor dem wir gebetet hatten, als unser Vater gestorben war. Ich habe das Kreuz umarmt und gedacht: Wenigstens das mit nach Hause nehmen. Aber ich habe es nicht genommen, denn es gehörte uns ja nicht mehr.
Es war alles noch so unverändert. Sogar der Zaun, den wir gerade begonnen hatten zu bauen, war noch nicht zu Ende gebracht, und auch die Treppe war noch nicht fertig. Es war alles so, als wenn wir es erst gestern verlassen hätten. Die Leute sagten, sie hätten kein Geld und außerdem glaubten sie, wir würden wieder kommen. Wir haben uns dann umarmt, und ich habe gesagt, wir können ja gar nicht mehr kommen, es gehört jetzt ihnen. Sie hatten immer das Gefühl, sie müßten sich dafür entschuldigen, daß sie in unserem Haus wohnen. Aber uns gehörte es auch nicht mehr. Nur so, wie es da stand, hätte man hinfallen können vor dem Haus und sagen: Meins.
Seitdem habe ich das Gefühl verloren, irgendwo zu Hause zu sein. Oder ich bin überall dort zu Hause, wo Menschen sind, die ich mag. Aber es hält mich nichts mehr. Weder in Mecklenburg noch in Berlin habe ich Wurzeln geschlagen. Ich könnte es morgen verlassen. Ich glaube, meine Wurzeln sind sehr in die Tiefe gegangen, ich bin an nichts Oberflächliches gebunden.
Ich denke, bei vielen unseren Leuten ist es ähnlich. Ich merke es sofort, wenn zu mir in die Praxis Sudetendeutsche oder Schlesier kommen. Ich habe das Gefühl, als ob eine andere Schwingung da wäre. Auch mit den Tschechen habe ich immer schnell Kontakt. Ob es mit dem Land zusammenhängt, aus dem wir stammen? Ich denke, Land und Leute gehören zusammen. Ich kann es nicht erklären, aber ich spüre es. Ich spüre es am Gang, spüre es an der Gestik, an

der Sprache sowieso. Es ist für mich auch etwas anderes, wenn ich einen Berliner umarme und wenn ich einen Sudetendeutschen umarme. Da ist mehr das Gefühl des Wohlwollens und des Naheseins. Man sieht sich und hat Kontakt miteinander, und mit anderen lebe ich zwanzig Jahre zusammen, und es ist wie eine Wand dazwischen.
Ich habe zwei Ebenen in mir: die eine, die leidet, und die andere, die sich freut und glücklich ist. Möglicherweise geht das auf ein schlimmes Erlebnis während der Flucht zurück. Wir lagen zu vielen in den Viehwaggons auf Stroh zusammengepfercht. Ich weiß nicht, waren es Tage, waren es Wochen? Es fuhr ein Zug an uns vorbei, ich habe den Kopf rausgestreckt und bekam eine volle Ladung Abwässer ins Gesicht. Zwei Tage später hatte ich einen dicken Hals, konnte nicht mehr sprechen. Als wir irgendwo hielten, brüllte draußen eine Stimme: »Ist jemand krank?« Meine Mutter hatte mich gemeldet, der Sanitäter kam, sagte, es sei Diphtherie. Man zerrte mich einfach aus dem Waggon raus, niemand wußte wohin. Vier Männer schleppten mich fort. Ich habe in meinem ganzen Leben nicht so geschrien und gestrampelt wie damals. Ich kam in ein Krankenhaus, es war in Stendal. Sie nahmen sich meiner dort so liebevoll an, wuschen mich nach Wochen zum erstenmal, pflegten und fütterten mich. Aus dem schrecklichen Erlebnis wurde eine sehr schöne Zeit. Ich hatte keine Angst, daß ich meine Mutter und die Geschwister nicht mehr wiedersehen würde. Eine Krankenschwester mußte mir so viel Vertrauen gegeben haben, daß ich ganz zuversichtlich war. Nachdem ich gesund war, machte sich diese Schwester mit mir auf die Suche, von einem Ort in den anderen, bis wir sie eines Tages alle antrafen in einem großen Saal mit zwölf oder dreizehn anderen Familien. Während ich im Krankenhaus war, hatten sie die schlimmste Zeit in einem Lager in der Sowjetzone durchgemacht.

In diesem mecklenburgischen Dorf sind wir dann auch geblieben, mit noch zwei Familien aus unserem Ort. Ich glaube, die Erwachsenen haben alles als sehr viel schlimmer empfunden, für uns Kinder war es eher abenteuerlich. Schlimm war der Hunger. Und den hatten wir oft. Am Anfang mußten wir wirklich betteln gehen. Jeden Tag waren wir unterwegs. Das kann man kaum glauben, in einem Dorf, wo alle noch genug hatten, wären wir fast verhungert. Das finde ich bis heute das Erschreckende, daß der Geiz der Besitzenden so unwahrscheinlich groß war. Sie haben oft Hunde auf uns gehetzt. Ich bin aber gerne betteln gegangen, das muß ich schon sagen. Meine Schwester hatte überhaupt kein Talent dazu. Sie stopfte an meiner Stelle Strümpfe und wusch Wäsche, und ich bin für sie betteln gegangen. Ich habe einfach geklopft und gefragt: »Hätten Sie nicht ein Stück Brot für mich?« Auch ein Nein zu hören machte mir nicht viel aus. Ich habe in diesen Jahren auch oft mit der Büchse für die Caritas gesammelt, ganz bewußt geübt, sich zu überwinden, hinzustellen und klein zu machen. Wer weiß, ob ich nicht einmal wieder in eine solche Situation komme? Wenn wir zurückkamen, meine Brüder und ich, wie waren wir stolz, wenn wir eine Kanne voll Milch, zwei, drei Schnitten Brot oder ein Ei bekamen!
Als dann die Enteignung kam, haben wir es doch als eine Art Gerechtigkeit empfunden, weil die Mecklenburger Bauern jetzt merkten, was es heißt, alles stehen und liegen zu lassen und über sich selbst nicht bestimmen zu können. Und sie haben gejammert und gestöhnt, obwohl sie in ihren Häusern bleiben durften und nur etwas abgeben mußten. Und wir waren damals nackt und bloß und sie so geizig.
In der gemeinsamen Unterkunft lebten wir nicht sehr lange, etwa ein halbes Jahr. Dann bekamen wir ein Zimmer. Es war ein Strohhaus bei einem Büdner*. Dort lebten wir bestimmt

---

* kleiner Landwirt

drei, vier Jahre. Während dieser Zeit habe ich mit meinen beiden Brüdern in einem Bett geschlafen, meine Schwester mit meiner Mutter. Das Haus hatte keinen Schornstein, der Rauch drückte nach unten, wir hatten immer ganz rote Augen. Irgendwann wurden wir alle krank, so daß sich der Bürgermeister genötigt sah, uns einen anderen Wohnraum zu geben. Dort bekamen wir endlich jeder unser eigenes Bett, so daß wir wieder wie richtige Menschen leben konnten. Ich war damals schon in der achten Klasse. So lange hatte es gedauert.
Die Mutter ging tagsüber zum Bauern arbeiten. Einen Beruf hatte sie ja nicht. Sie bekam eine kleine Unterstützung und für jedes Kind eine halbe Waisenrente, im Monat insgesamt etwa 75 Mark. So mußten wir alle von Anfang an mitarbeiten. Mit vierzehn Jahren sind wir alle von zu Hause weggegangen, weil wir in diesem kleinen Wohnraum gar nicht bleiben konnten. Wir wurden alle sehr schnell selbständig.
In diesen Jahren sind noch viele Sudetendeutsche aus der DDR in die Bundesrepublik gegangen, mein Onkel und meine Tante auch. Manche sagten zu meiner Mutter: Maria, komm mit! Aber wie sollte sie es sich trauen mit vier Kindern, ohne daß jemand drüben auf sie gewartet hätte? Vielleicht hat sie auch geglaubt, es geht einmal doch nach Hause. Und außerdem hörten wir unentwegt, daß wir es hier eines Tages viel schöner, besser haben werden als die drüben. Wir hörten es in der Schule so oft, daß wir fast daran glaubten.
Es war auch von der Verwandtschaft niemand mehr da, der der Mutter hätte helfen können. Die Familie des Vaters ist uns bis auf zwei Tanten ganz verloren gegangen. Die Verwandtschaft der Mutter war durch die Umsiedlung total auseinandergerissen. Ich habe sie erst jetzt vor kurzem nach vierzig Jahren alle wieder gesehen. Wir waren vierzehn Tage drüben und wurden richtig krank davon. Diese Begegnung nach vierzig Jahren! Jetzt wollen wir uns wieder treffen, und ich denke, diesmal wird es für uns ruhiger sein.

Trotz allem, was wir erlebt haben, habe ich unsere Mutter nie verzweifelt gesehen. Ich denke mir aber heute, daß ihre vielen Krankheiten und der frühe Tod mit 62 Jahren eine Folge dieser entbehrungsreichen Jahre war. Ich mache mir oft Vorwürfe, daß ich ihr nicht genug Anerkennung gezeigt habe, unheimlich kritisch war, alles ändern wollte. Jetzt weiß ich, daß ich ihr den meisten Dank schuldig bin.
Nach Hause ist sie nie mehr gefahren. Als die anderen ihre frühere Heimat besuchten, sagte sie immer, das möchte sie lieber nicht. Gegen die Tschechen oder Polen oder Russen hegte sie keinen Haß. Sie meinte immer: Es gab solche und solche. Auch das habe ich ihr zu verdanken, daß ich keine Feindschaft gegenüber anderen Nationalitäten empfinde.
Mit der Tschechoslowakei fühle ich mich richtig verbunden. Wir sind auch so schrecklich gerne dorthin gefahren, als es wieder möglich war. Ich fühle mich in jedem tschechischen Haushalt wohl, als ob es bei uns zu Hause wäre. Die Heimat ist doch etwas Einmaliges. Mit den Tschechen haben wir sicher ein Stück gemeinsam.
Durch die Umsiedlung ist zwar vieles zerschlagen worden, aber auch Neues aufgebaut. Viele Menschen haben dadurch einiges dazugelernt. Wenn sich nichts bewegt, gibt es auch keine Entwicklung. Vielleicht hat diese Umsiedlung eine Bedeutung, die wir heute noch gar nicht ermessen können.

Die Versöhnung beginnt mit dem Nachdenken über das Unrecht
Der Kleinherlitzer

Ich bin 1931 in Kleinherlitz bei Troppau geboren. Meine Eltern waren Großbauern. Die Familie saß seit dem Jahr 1704 auf dem Hof, der vorher dem Geschlecht der Eichendorffs gehörte. Es war ein Freihof, das heißt, seine Besitzer waren dem Grafen nicht unterstellt, mußten kein Robot* und ihre Söhne keinen Militärdienst leisten. Diese Privilegien gingen 1848 verloren, nicht ohne Mitwirkung eines weiteren Mitglieds unserer Familie, des Bauernführers Hans Kudlich. Er war der Bruder meiner Urgroßmutter. Mit seinen Nachfahren – Hans Kudlich wurde in Österreich zum Tode verurteilt und mußte nach Amerika auswandern – bestehen immer noch Kontakte. Nach der Vertreibung hatten sie uns sehr mit Paketen geholfen. Wir haben auch schon dreimal ein Treffen der ganzen Kudlich-Sippe veranstaltet. Es kamen über zweihundert Leute zusammen.

Meine Eltern waren stolze Bauern. Die Familientradition und -geschichte wurde bei uns sehr gepflegt. Ein Bruder meines Vaters war ein angesehener Ahnenforscher in Wien. Er hat auch den Stammbaum der Familie Kudlich zusammengestellt.

Meine Eltern betrachteten sich immer als Österreicher. Sie hatten unter den Schikanen in der ersten Tschechoslowakische Republik sehr gelitten. Sie hatten aber den tschechoslowakischen Staat irgendwie auch herausgefordert, indem sie zum Beispiel den Staatsfeiertag, den 28. Oktober, nicht einhielten und arbeiteten, was ihnen wiederum Unannehmlichkeiten bereitete. Es war für sie ein Trauertag, ein Symbol der

---
* Fronarbeit

Verletzung des Selbstbestimmungsrechtes der Deutschen. Mein Vater war der größte Bauer im Umkreis, war lange Zeit Bürgermeister, später Obmann der Henlein-Partei, und er war auch im Turnerbund aktiv. Es fiel der Familie schon eine Führungsaufgabe zu, auch für das Deutschtum einzustehen. Und meine Eltern waren bereit, dafür Opfer zu bringen und zu kämpfen. Dabei war mein Vater, weiß Gott, kein Extremist. Er war ein tief religiöser Mensch, zuerst Christ, dann erst Deutscher. Das Menschliche hatte bei ihm immer den Vorrang.

An den kritischen Sommer 1938 kann ich mich noch sehr gut erinnern. Wir waren ein rein deutsches Dorf, und ich habe alles dort sehr nahe erlebt. Unser Ort lag etwa sieben Kilometer von der deutschen Grenze entfernt, noch vor der tschechischen Bunkerlinie. Im Falle des Krieges wäre es also in unserem Gebiet unweigerlich zu Kampfhandlungen gekommen. Wir waren gerade dabei, die landwirtschaftlichen Maschinen in den Garten zu stellen, damit sie bei einem möglichen Brand des Hofes keinen Schaden nehmen, als zwei tschechische Soldaten mit aufgepflanzten Bajonetten erschienen und nach dem Vater verlangten. Er durfte sich noch nicht mal umziehen. So wie er war, in staubiger Kleidung, mußte er mit ihnen gehen. Die Mutter konnte ihm nur den Überrock bringen. Man hatte die führenden Leute der Sudetendeutschen als Geisel genommen und im Lager in Stefanau untergebracht. Es war eine bittere Sache. Bis das Münchener Abkommen perfekt war, wurden sie dort sehr streng gehalten und auch geschlagen, wie der Vater später erzählte. Und er hat sicher nicht übertrieben, das war nicht seine Art.

Wir waren natürlich bestürzt und traurig, als sie den Vater wegführten. Mein jüngster Bruder – man darf ihn heute gar nicht daran erinnern – ist den Soldaten nachgelaufen und hat mordsmäßig geschimpft.

Die Mutter war eine sehr couragierte Frau, sie war vierzehn Jahre jünger als der Vater. Sie hatte die Initiative ergriffen und sich entschlossen, mit uns nach Deutschland zu gehen. Sie hat uns Kinder das Nötigste packen lassen – in Tücher, denn Koffer hatten wir keine. Sie ist auch zu den Nachbarn gegangen und sagte überall: Wir gehen nach Deutschland, wer Kinder mitschicken will, soll es tun. Das war unsere erste Flucht. Der älteste Bruder blieb zu Hause. Unser Knecht fuhr die Mutter mit uns sieben Kindern und etwa sechs fremden an die Grenze bei Skrochowitz an der Opa. Damals sind viele Menschen bei Nacht und Nebel über den Fluß Opa nach Deutschland geflüchtet, vor allem Männer, die nach der Mobilmachung zum tschechischen Militär hätten eingezogen werden sollen. An der Grenze hatten wir große Mühe, sie passieren zu dürfen. Die Mutter hat den tschechischen Grenzbeamten angefleht, bis er uns gehen ließ. Wir haben unser Gepäck vom Wagen geholt und sind zu Fuß über die Grenze gegangen. Der Knecht fuhr dann zurück, er hat mit unserem Ältesten den Hof weiter bewirtschaftet.

Die Deutschen waren auf die Flüchtlinge vorbereitet. Wir kamen nach Berlin und dann in ein »Kraft durch Freude«-Heim in der Lüneburger Heide. Das ganze war ein großes Erlebnis für uns. In dem Heim sind wir drei oder vier Wochen, glaube ich, geblieben. Es war alles in der Schwebe: Kommt der Krieg, oder kommt kein Krieg? Es war eine Riesenerleichterung, als das Münchener Abkommen dann unterschrieben wurde. Meine Güte, war das für uns damals eine Freude! Deutschland war für uns das Altreich.

Da fing aber bald die Ernüchterung an, besonders bei meinem Vater. Meine Mutter war nicht so kritisch, bei ihr überwog die Freude über den Anschluß. Sie wurde dann auch Kreisbäuerin, das hatte an und für sich mit der Partei nichts zu tun, das war der Reichsnährstand. Aber immerhin hielt bei ihr die Begeisterung an, während bei meinem Vater sehr schnell, vor allem durch die beginnende Verfolgung der Kirche das Nachdenken einsetzte.

Es kam noch dazu, daß sein Bruder, Pfarrer in Friedberg, ein offener Gegner des Nationalsozialismus war. Er wurde auch einige Male von der Gestapo verhört, bekam Predigtverbot, und später durfte er keinen Religionsunterricht in den Schulen mehr geben. Das hat die Haltung meines Vaters auch sehr beeinflußt. Dann ist ein guter Bekannter meines Vaters, der Freudenthaler Buchhändler Eduard Schlusche, nach Dachau gebracht worden und dort gestorben. Man hat sehr wenig von diesen Sachen gehört, man durfte es ja gar nicht wissen. Das Verschwinden von Leuten wollten sie möglichst vertuschen. Aber das alles hat ihn schon ernüchtert, vor allem auch, wie die Juden behandelt wurden. Mein Vater war kein Judenfreund, aber doch zu sehr ein Mensch, um nicht tief darüber erschüttert zu sein, weil wir auch mit jüdischen Familien bekannt waren. Die meisten sind zwar noch rechtzeitig weggegangen, aber daß sie dazu gezwungen wurden, das hat ihn sehr nachdenklich gestimmt.

Wir Geschwister haben zunächst die Bedenken des Vaters nicht geteilt. Wir sind alle in der Hitlerjugend gewesen. Es war zwar Pflicht, aber aufrichtig gesagt hat es uns auch Spaß gemacht. Alle Posten waren auf Mitglieder unserer Familie verteilt.

Der Vater war der Obmann der Henlein-Partei, die wurde dann automatisch in die NSDAP übernommen. Weil unser Dorf für eine Ortsgruppe zu klein war, wurde er Blockleiter. Aber weil mein Vater genauso wie bei den Tschechen seine Meinung nicht zurückhielt und auch jetzt seine Kritik offen äußerte, wurde er bald, ich glaube, nach zwei Jahren, »wegen Unfähigkeit« seines Postens enthoben. Ich kann mich noch sehr gut an die Stimmung zu Hause erinnern. Wenn der Bruder meines Vaters, der sehr deutschnational eingestellt war, aus Wien zu Besuch kam, und der andere Onkel,

der Pfarrer aus Friedberg, ein offener Gegner des Nationalsozialismus, dazustieß, da ist schon manches Zusammensein im Streit auseinandergegangen. Mein Vater spielte dabei immer die Vermittlerrolle.
Mein ältester Bruder war am Ende des Krieges in Preußen eingesetzt; da gab es Dörfer, die von den Russen erobert wurden und dann wieder in deutsche Hand zurückkamen. Da wußte man schon, was einem blühte. Die Angst vor den Russen war schon riesig groß, während wir es von Tschechen eigentlich nicht erwartet hätten, diese Vertreibung und alles andere. Viele Deutsche haben lieber den Freitod gewählt. In unserem Dorf zwar nicht, aber in Bennisch, in der Nachbarstadt, gab es eine ganze Reihe von Menschen, die den Kopf verloren hatten.
Wir sind erst einen Tag bevor die Russen kamen, weggegangen. Wir haben nur 25 Kilometer geschafft, als uns die Russen wieder einholten. Die Schwestern hatten schon vorher einen Traktor zum Wohnwagen umgebaut. Sie sind damit bis nach Pilsen gekommen. Daß wir wegmußten, begannen wir zu ahnen, als plötzlich Tschechen in unserem Dorf erschienen und den Deutschen sagten, sie müssen ihr Haus verlassen. Es wurden überall Siegel an die Häuser geklebt mit der Aufschrift: Staatseigentum. Es ist ein Gesetz erlassen worden, nach dem man die Deutschen enteignete. Bei uns ist zum Glück keine Familie, kein neuer Besitzer erschienen, sondern ein etwa zwanzigjähriger Student der Landwirtschaft, der uns mitteilte, er würde jetzt den Hof übernehmen.
Meinen Vater holten die Tschechen zweimal oder dreimal zum Verhör, aber sonst ist ihm eigentlich nichts geschehen, während sein Schwager, der eigentlich mit der Politik nichts zu tun hatte, über ein Jahr in Troppau inhaftiert war. Es gab schon einige Deutsche, die es als Unrecht empfanden, daß wir alles heil überstanden haben. Wir konnten es uns eigent-

lich auch nicht erklären. Beim Einmarsch 1938 hatte mein Vater einem tschechischen Offizier helfen können. Er hatte auch von früher von der landwirtschaftlichen Schule tschechische Freunde, zum Beispiel den späteren Abgeordneten Wicherek, so daß wir glaubten, jemand von ihnen hat sich für uns eingesetzt. Aber trotzdem hatten die Eltern ständig Angst, sie würden geholt.

Ein jüdischer Arzt aus Bennisch, der zurückkam, hat dann meine Mutter krankgeschrieben. Sie war ja Kreisbäuerin gewesen und mußte befürchten, schwer drangsaliert zu werden. Aufgrund des Attestes des jüdischen Arztes kam sie dann in ein Pflegeheim und blieb einige Wochen dort. Sie war auch nervlich schwer krank. So haben wir uns über die ersten Wochen hinübergerettet, aber insgesamt war das Leben vor der Vertreibung so, daß man sich letztlich gewünscht hat, wegzukommen. Einerseits hat man es gefürchtet, andererseits war man froh, als es so weit war.

Für uns kam der Tag im April 1946. Um 10 Uhr vormittags ging ein Trommler durch das Dorf und hat die Namen der Leute vorgelesen. Um zwei Uhr nachmittags mußte das Gepäck bei der Sammelstelle sein. Wir waren gleich beim ersten Transport. Die Trennung von dem Hof, das war der Augenblick, den man befürchtet hat. Ich glaube, wir haben alle geheult, als wir das Dorf hinter uns ließen.

Wir durften nur 50 kg pro Person mitnehmen, aber ehrlich gesagt war auch nicht mehr viel da. Die wertvollsten Sachen hatten die Schwestern schon in dem Wohnwagen mitgenommen. Zwei- oder dreimal mußten wir abladen, als wir von den Russen aufgehalten wurden. Was ihnen gefiel, wurde weggenommen. Wir waren dann eine Woche im Lager in Freudenthal. Bevor der Zug beladen wurde, hat man das Gepäck nochmals überprüft. »Sie waren doch ein großer Bauer«, sprach der Kontrolleur meinen Vater an. »Wo haben Sie denn Ihre Schätze? Sie müssen doch ein Vermögen gehabt haben!« Der Vater hatte gerade ein Familienfoto zur Hand, auf dem seine acht Kinder zu sehen waren. Er zeigte es dem Beamten und sagte: »Hier, das ist mein Schatz.« Und so war es auch. Er war ein großer Bauer, sehr standesbewußt, aber reich waren wir eben nicht.

Von Freudenthal aus waren wir ungefähr eine Woche in Viehwaggons unterwegs. Als wir dann in Fürth im Wald über die Grenze fuhren, war das Aufatmen auch für uns Kinder spürbar. Aus allen Fenstern flogen die Abzeichen mit dem N[*], die wir tragen mußten. Gleich hinter der Grenze lagen sie massenweise auf dem Damm.

Nachdem wir in Regensburg entlaust worden waren, kamen wir über Passau ins Rottal. Dort wurden wir von Bauern abgeholt und in verschiedene Häuser eingewiesen, wo noch Wohnraum vorhanden war. Wir waren jetzt nur zu viert – wir zwei Buben und die Eltern. Der eine Bruder war im Krieg gefallen, der andere in Gefangenschaft, die Schwestern sind schon vorher geflohen. Mit uns waren noch die zwei Schwestern des Vaters. Wir sollten alle zu einem Bauern; aber als wir kamen, öffnete er das Tor nicht. Er hätte uns hineinlassen müssen. Man war schon bereit, die Polizei zu holen und die Tür gewaltsam zu öffnen. Aber meine Eltern waren so erschrocken, sie wollten nicht in einem Haus wohnen, in das man uns mit Polizeigewalt einweist. So wurden wir für eine Woche in den Saal einer Gastwirtschaft einquartiert.

Nach einer Woche habe ich dann eine Stelle bei einem Bauern gefunden. Der wollte mich als Knecht. Ich war schon groß und kräftig, und er war bereit, uns alle zu sich zu nehmen. Es war eine sehr schlechte Arbeitsstelle; ich war total überfordert, der Bauer sehr geizig – ein großer Bauer mit

---

[*] N = Němec = Deutscher. Nach dem Ende des Krieges mußten die Deutschen in der Tschechoslowakei ein Abzeichen mit dem Buchstaben N oder eine weiße Armbinde tragen.

einem sehr schönen Hof –, so daß ich es nur einen Monat dort aushielt. Dann hat mich der Gastwirt, bei dem wir am Anfang wohnten, als Knecht angeheuert. Er hatte einen Sohn im gleichen Alter, mit dem ich arbeitete. Von Mai bis August habe ich bei ihm gedient. Das ganze war schon eine harte Lebensschule, aber letztlich doch eine positive: Die Schule erschien mir dann als der große Rettungsanker, so daß ich nachher ein sehr fleißiger und guter Schüler wurde. Und mein Vater hat wirklich alles unternommen, um gute Schulen für uns zu finden und uns gute Ausbildungsmöglichkeiten angedeihen zu lassen.

Aber man hatte doch auch noch die Hoffnung: Wir kommen wieder zurück, so ein Unrecht kann doch nicht bestehen bleiben. Das kann man auch aus den Briefen meines Vaters herauslesen. Er führte nach der Vertreibung eine Riesenkorrespondenz, hat viele Menschen aufgerichtet und ermuntert. Er ließ sich nicht deprimieren und übte sich in der Überlebenskunst. Meine Kinder wollen mir es heute kaum glauben, mit wie wenig man leben kann. Aber als seine geistigen und seelischen Kräfte später nachließen – da war er schon über achtzig –, begann er plötzlich zu fragen: Warum sind wir nicht zu Hause, mit welchem Recht hat man uns vertrieben? Dann hat er doch mit Gott und seinem Schicksal gehadert, an der Gerechtigkeit gezweifelt.

Ich finde schon, man kann den Sudetendeutschen ihren Wunsch nach Selbstbestimmung nicht verübeln. Das Dumme war nur, daß sich Hitler die Sache zunutze gemacht hat und sie schließlich auch verriet. Er hat auch uns verraten, weil er die Verträge nicht eingehalten hat, das Münchener Abkommen zum Beispiel, in dem er den Rest der Tschechei besetzte. Damit wurde alles kaputt gemacht.

Man sollte es zwar nicht sagen, aber ich bin froh, daß ich dort nicht bleiben mußte. Denn meine Freiheit ist mir wichtiger als so ein Leben dort. Es gibt ja auch viele Tschechen, die alles hinter sich gelassen haben, weil sie die Freiheit mehr schätzen. Manchmal könnte man sich schon denken: Ihr habt uns damals so schäbig behandelt, geschieht euch gar nicht so unrecht, daß ihr jetzt büßen müßt. Aber das ist nicht die Haltung, die bei mir überwiegt.

Meine Brüder – sie sind beide nicht in der Landsmannschaft – sagen immer, wir Sudetendeutsche haben diese Situation mitverschuldet. Aber ich meine, die Geschichte fing weder 1938 noch 1918 an. Und dann: Unrecht bleibt doch Unrecht, und ein Verbrechen bleibt ein Verbrechen. Und so wie wir Deutsche uns in großer Mehrheit von Hitler distanzierten und bis auf einen kleinen Rest einsahen, es war Unrecht, was er gemacht hat, kann man doch erwarten, daß auch die anderen sich von dem distanzieren, was uns geschehen ist. Man kann nicht sagen, das waren nur verständliche Reaktionen. Es waren trotzdem Verbrechen. Es wird immer noch nach Naziverbrechern gefahndet. Aber wenn zum Beispiel der Kommandant des tschechischen Lagers in Hodolan bei Olmütz, in dem viele Sudetendeutsche malträtiert wurden, in die Bundesrepublik käme, würde ihm kein Haar gekrümmt. Diese Menschen sind jenseits von Gut und Böse. Das erbittert die Sudetendeutschen schon. Jeder Mensch, der nach Gerechtigkeit sucht, muß sich doch wünschen, daß ein Mensch, der Unrecht begangen hat, bestraft wird.

Trotzdem finde ich es sehr wichtig, daß es zur Versöhnung kommt. Eine Voraussetzung dafür wäre, daß man sagt, wir haben euch Unrecht getan, und beginnt darüber nachzudenken. Wenn es aber immer so negiert wird, nicht nur von der tschechischen, sondern auch von der deutschen Seite, dann blockiert man nur alles. Darin liegt für mich auch die Existenzberechtigung der Landsmannschaft, daß sie alle diese Tatsachen doch zurechtrücken kann.

Wenn ich mir in den USA oder in England Filme anschaue, habe ich manchmal den Eindruck, der deutsche Soldat der

Hitlerzeit hat den Indianer als den bösen Schurken weitgehend abgelöst. Möglicherweise bin ich da sensibler, und es trifft mich mehr als andere Deutschen, weil wir bewußter Deutsche waren als zum Beispiel die Bayern. Die sind zuerst Bayern und erst dann Deutsche. Wir Sudetendeutsche hatten das Deutschtum durch die nationale Konfrontation bewußter erlebt. Genauso geht es mir oft auch in Frankreich. Alle Schlechtigkeiten der Deutschen sind dort bekannt, aber kaum jemand weiß, was uns Sudetendeutschen geschah.
Es ist mir ein großes Anliegen, den alten Nationalismus zu überwinden. In unserer Schule, zum Beispiel, haben wir schon seit siebzehn Jahren einen Austausch mit Frankreich. Ich habe es damals initiiert. Dreißig bis fünfzig Schüler von uns fahren jedes Jahr für vierzehn Tage nach Carcasson, und ebenso viele Franzosen kommen hierhin. Ich sehe keinen Grund, warum wir nicht auch ein ähnliches deutsch-tschechisches Jugendferienwerk einrichten könnten, damit sich die Jugendlichen treffen und kennenlernen, unabhängig von jeglicher Propaganda. Ich glaube, das wäre die einzige solide Basis für das gegenseitige Verständnis und letztlich auch für die Versöhnung. In diesem Sinne bin ich ein überzeugter Europäer, auch wenn ich weiß, daß es Risiken mit sich bringt. Aber ich denke, das kann für uns die einzige Zukunft sein.
Das schließt allerdings nicht aus, daß ich mich nach wie vor als Sudetendeutscher fühle und Kleinherlitz als meine Heimat empfinde. Ich habe eine sehr starke gefühlsmäßige Bindung dorthin und lege viel Wert darauf, daß meine Kinder meine Heimat kennenlernen. Es freut mich auch sehr, daß unser Ältester Tschechisch lernt. Früher habe ich den Kindern jeden Tag, bevor sie einschliefen, über meine Jugend in Kleinherlitz erzählt, und wir fahren auch immer wieder hin. Die sudetendeutsche Landsmannschaft war mir früher nicht so wichtig. Wir sind auch jahrelang, ja jahrzehntelang nicht zum Sudetendeutschen Tag gefahren. Aber jetzt ist es wieder

aktueller geworden für uns, und wir fahren hin. Ein Grund dafür ist auch: Die Anhängerschaft nimmt ab. Die sudetendeutsche Landsmannschaft hätte sich hier auf der Kreis- und Ortsebene aufgelöst, wenn sich niemand gefunden hätte, der sich ein bißchen darum kümmert. In dieser Situation hat man auf mich gezeigt. Meine Eltern haben sehr daran gehangen, und so habe ich es, eher aus Pietät, übernommen. Ich habe meine Eltern sehr gemocht.
Wie ich die Zukunft der Landsmannschaft sehe? Sicher eher im Sinne der Ackermanngemeinde. Das heißt, Kontakte suchen, was meine Brüder in noch stärkerem Maße tun. Sie fahren mit ihren Studenten immer wieder hin. Beim alten soll es nicht bleiben.
Wenn ich heute darüber nachdenke, gab es damals bei uns doch eine starke Abwehrhaltung. Warum hat bei uns daheim niemand Tschechisch gelernt? Wir hatten ja doch Freunde unter den tschechischen Bauern, und es kamen zu uns auch immer wieder Bauernsöhne zum Deutschlernen. Wir sind aber nicht in die tschechischen Dörfer gegangen, die gar nicht so weit weg von uns waren, um Tschechisch zu lernen. Das war ein Fehler. Es sind sicher große Fehler damals gemacht worden, da gibt es überhaupt kein Zweifel.

Mein deutscher Vater optierte für den Slowakischen Staat...
Der Zipser

Meine Herkunft ist etwas kompliziert. Mein Vater stammt aus einer alten Zipser Familie, die im 13. Jahrhundert aus Moselfranken eingewandert ist. Der Name taucht schon im Leutschauer Stadtbuch aus der Mitte des 14. Jahrhunderts auf. Mein Vater wurde aber in der Nähe von Philadelphia geboren, weil mein Großvater 1885 nach Amerika auswanderte, wie ein Fünftel der Zipser damals. Er brachte es dort zu einem bescheidenen Wohlstand, bekam vier Kinder und kehrte 1906 mit seiner Familie in die alte Heimat zurück.
Meine Mutter wiederum entstammt einer Ehe zwischen einer schlesischen Bauerntochter und einem aus Schwaben stammenden Textilingenieur. Meine Großeltern mütterlicherseits besaßen in Freudenthal in Nordmähren eine kleine Flachsspinnerei. Dort, in dem Haus meiner Großeltern kam ich 1936 zur Welt. Die Kindheit verbrachte ich aber auf dem väterlichen Gutshof in Mühlenbach in der Zips.
Meine Eltern waren zwar beide Deutsche, allerdings mit einem unterschiedlichen kulturellen Hintergrund. Durch ihre Verbindung ergaben sich vielfältige Bezüge sowohl ins Sudetenland und ins »Reich«, wie meine Mutter immer sagte, als auch nach Ungarn und Amerika, wo Teile der Familie meines Vaters lebten, und durch die Heirat einer Schwester meiner Mutter sogar nach Schweden. Nur waren aber für das Leben in der Zips die Weltoffenheit und nationale Vielfalt sowieso charakteristisch. Das ergab sich aus ihrer geographischen Lage auf dem Schnittpunkt alter Handelswege zwischen Ost und West und der Adria und dem

Baltikum. Neben den wohlhabenden deutschen Bauern und Städtern lebten hier als Kleinbauern und Dienstboten die Slowaken, das Geschäftsleben war weitgehend von den jüdischen Mitbürgern bestimmt, in der Nachbarschaft lebten die polnisch sprechenden Goralen, und auch in die Karpato-Ukraine war es nur ein Katzensprung. Hinzu kam, daß bis 1918 die Amtssprache Ungarisch war und in den bürgerlichen Salons französisch gesprochen wurde. Weil mein Vater Theologe war und ein Teil der Verwandtschaft in den Vereinigten Staaten lebte, kamen in unserer Familie noch Latein und Englisch hinzu. Im gehobenen Bürgertum war es üblich, die Söhne nach Westeuropa, das heißt nach Deutschland, zu schicken, damit sie Welterfahrung sammelten. Aber genauso gehörten zu der Zips auch die staubigen Wege und die halb in die Erde eingelassenen Hütten der Zigeuner, die man mit dem Begriff Osten so leicht assoziiert.
Diese kulturelle Vielfalt hat auch meine Kindheit noch geprägt. Meine geliebte Kinderfrau erzählte uns slowakische Märchen, sang slowakische Lieder. Die ersten zwei Schuljahre bin ich mit den slowakischen Kindern in die Schule gegangen. Die deutschsprachigen Kinder erhielten Religions- und Sprachunterricht in ihrer Muttersprache, und sie durften auch im übrigen Unterricht, wenn sie den slowakischen Ausdruck nicht wußten, deutsch antworten. Mir machte es aber keine Schwierigkeit, von einer Sprache in die andere überzuwechseln.
Ich habe sehr schöne Erinnerungen an diese Zeit, die teilweise auch mit meiner engen Bindung an die Großmutter zusammenhängen. Es war eine Kindheit in materieller Sicherheit und emotionaler Geborgenheit. Dazu gehörten der Umgang mit den Pferden im Hof, die Fahrten zu den Verwandten, allerdings auch die kleinen Arbeiten, zu denen wir Kinder schon relativ früh herangezogen wurden. Heute, im nachhinein, betrachte ich das als sehr gut, obwohl ich es

damals als sehr lästig empfunden hatte, wenn wir Flachsrupfen mußten oder bei der Ernte helfen sollten.
Meine Mutter sah allerdings meine Freundschaften mit den slowakischen Häuslerkindern und auch den Einfluß meiner Kinderfrau nicht so gerne, von den Ausflügen in das nahe Zigeunerlager ganz zu schweigen – für uns Kinder natürlich eine besondere Attraktion. Bei ihr als einer Sudetendeutschen war das nationale Bewußtsein, das Gefühl, Deutsche zu sein, wesentlich stärker als bei meinem Vater. Er war durch sein Studium in Ungarn, seinen Freundeskreis und den ganzen Lebenszuschnitt weder im politischen noch im ethnischen Sinne vom sogenannten »Volksbewußtsein« geprägt. Mein Vater hatte als Theologe Vorbehalte sowohl gegen den Nationalsozialismus als auch gegen die Deutschtümelei in seiner Umgebung, und er optierte aus diesem Grund 1939 nicht für die deutsche Staatsangehörigkeit, sondern ganz bewußt für den jungen Slowakischen Staat*.
Die Vorbehalte meines Vaters gegen den Nationalsozialismus brachten ihn in politische Schwierigkeiten und führten auch innerhalb der Familie zu Mißstimmungen. Denn in der Familie meiner Mutter war die Begeisterung für den Nationalsozialismus und seine politischen und militärischen Erfolge wesentlich größer. Der Bruder meiner Mutter war ein entschiedener Nationalsozialist, der dem Regime bis 1945 loyal diente.
Diese Spannungen haben wir Kinder schon mitbekommen. So erinnere ich mich, daß sich bei dem Geburtstag meiner Freudenthaler Großmutter mein Vater weigerte, am gleichen

---

* Slowakischer Staat (1939–1945). Am 14. März 1939, einen Tag vor der Besetzung der Rest-Tschechoslowakei, durch die deutsche Wehrmacht und der Errichtung des Protektorats Böhmen und Mähren, hatte der Führer der faschistoiden Hlinka-Partei, Dr. Jozef Tiso, den unabhängigen unter dem Schutz des Deutschen Reiches stehenden Slowakischen Staat ausgerufen. Die Option für den Slowakischen Staat bedeutete in diesem Falle Annahme der slowakischen Staatsangehörigkeit.

Tisch mit meinem Onkel zu sitzen, der in Parteiuniform mit Hakenkreuzbinde erschienen war. Genauso ließ es mein Vater bei einer Weihnachtsfeier nicht zu, daß der Christbaum mit dem Sonnenwendefeuer angezündet wurde. An den Inhalt der politischen Diskussionen in der Familie kann ich mich natürlich aus dieser Zeit nicht erinnern.

Die Austreibung aus diesem Paradies der Kindheit kam mit dem Ende des Krieges in zwei Etappen. Die erste war die Flucht vor den Auswirkungen des Slowakischen Nationalaufstandes*. Am 3. September 1944 brachen wir in einem großen Treck mit einigen Leiterwagen, Pferden und einem Teil des Viehs in Richtung Westen auf. Unser Ziel war Freudenthal, die Heimat meiner Mutter. Wegen der Unterbrechung der Verkehrswege im Waagtal mußten wir den Umweg über Zakopane und Krakau nehmen. Nach dem anfänglichen Schock hatte die Reise für mich viele Reize: Ich mußte nicht in die Schule gehen, wurde nicht zweimal am Tag von Kopf bis Fuß gewaschen und ständig kontrolliert, und ich durfte innerhalb des Trecks selbständig ein Panjewägelchen mit meinem Pony Liesel führen.

Wir waren sechs Wochen unterwegs. Ende Oktober kamen wir bei meiner Freudenthaler Großmutter an. Dort ging das alte Leben noch einige Monate weiter. Es gab keine Schule, die ganze Familie mit vielen Tanten und Onkeln war da, man saß viel zusammen, jeden Abend wurden Spiele gemacht. Ich kann mich noch erinnern, was für ein schönes Weihnachtsfest wir 1944 feierten! Aber nachdem die Rote Armee Ende Januar 1945 die Grenze erreichte, kam auch für uns der Krieg näher. Man hörte die Artillerie, und es kamen

---

* Am 29. August 1944 drangen Partisanengruppen, unterstützt von Teilen der slowakischen Armee, in Neusohl (Banská Bystrica) ein und riefen zu einem allgemeinen Aufstand gegen Besetzung der Slowakei durch die deutschen Truppen auf. Im Oktober 1944 gelang es der Wehrmacht und den SS-Eliteeinheiten, den Aufstand niederzuschlagen.

immer mehr Flüchtlinge. Wir selbst wollten noch bleiben. Erst am 6. Mai, buchstäblich in der letzten Stunde, dachten wir an Flucht. Wir sind nicht besonders weit gekommen, weil überall die Straßen verstopft waren, so landeten wir in einem kleinen Wochenendhaus meiner Großmutter in der Nähe von Karlsdorf im Altvatergebirge. Hier haben wir auch das Ende des Krieges erlebt, den ersten russischen Soldaten gesehen, Plünderungen der verbitterten und aggressiven polnischen Fremdarbeiter erfahren.

In dem kleinen Häuschen konnte es die große Familie natürlich nicht sehr lange aushalten, und so kehrten wir alle wieder nach Freudenthal zurück. Wir blieben dort bis Ende August 1945. Die Schwester meiner Mutter hatte uns telegrafisch eine Einladung nach Schweden geschickt, und so sind wir nach Prag aufgebrochen, um uns die nötigen Papiere zu besorgen.

Damit begann auch die zweite, viel schwierigere Etappe meiner Austreibung aus der Kindheit. Unsere Bemühungen um das schwedische Visum sind ohne Erfolg geblieben, und so sind wir nach Pilsen weitergefahren, das von Amerikanern besetzt war. Denn wir wollten in den Westen. Weil wir aber slowakische und nicht deutsche Staatsangehörige waren, wurden wir in die Slowakei zurückgeschickt. Bis zu dieser Entscheidung vergingen zwei oder sogar drei Tage, und diese ganze Zeit haben wir auf dem Bahnsteig gelebt; der Bahnhof von Pilsen war total zerstört, überall standen noch die ausgebrannten Waggons, und im Hintergrund sah man die Ruinen der Škoda-Werke. Und wir saßen da, hatten bald nichts mehr zum Essen, ständig von der Angst geplagt, es wird uns etwas gestohlen. Über Budweis und Brünn sind wir dann nach Preßburg gefahren. Die Reise dauerte zehn Tage. Wir wurden immer schmutziger, immer hungriger; den letzten Ring meiner Mutter hatte der Vater gegen Brot eingetauscht. In Preßburg angelangt, wurden wir in ein ehemaliges Reichsarbeitslager in Engerau* eingewiesen, wo wir dann von August 1945 bis Juni 1947 blieben. Die Räume der langen Baracken waren notdürftig mit Decken unterteilt, so daß jeder wenigstens seinen kleinen Bereich hatte. Wir schliefen auf Stroh. Es war kein reines Aussiedlerlager, obwohl viele Deutsche da waren, aber auch viele zurückkehrende Kriegsgefangene, Angehörige der Wlassow-Armee**, ein buntes Gemisch von Menschen, die Schwarzhandel trieben und unter denen Schlägereien an der Tagesordnung waren. Eine wilde Zeit, in der ich auch in mir eine große Portion Abenteuerlust, wenn nicht sogar kriminelle Energie entdeckte.

Daß ich diese zwei Jahre unbeschadet überstanden habe, ist meiner Großmutter zu verdanken. Zu ihr hatte ich eine feste emotionale Beziehung, viel mehr als zu meiner durch die Sorge um die Familie überbeanspruchten Mutter. Denn mein Vater war in dieser Zeit an einem Nierenleiden erkrankt und hat sich völlig in sich zurückgezogen. Die Großmutter aber war immer da, hatte immer Zeit, war bereit, einen aufzunehmen, zu streicheln, zu trösten, zu küssen, in den Schlaf zu singen oder eine Geschichte zu erzählen. Ich konnte mit allem zu ihr kommen, mich ganz auf sie verlassen. Sie war sicherlich keine besonders gebildete Frau, aber ein Mensch von großer Lebenserfahrung, gefestigt im christlichen Glauben, den nichts erschüttern konnte, die alles als Probe und Übergang zum besseren Leben im Jenseits ansah, nichts für sich haben wollte. Als wir dann 1947 über das Lager Valka bei Nürnberg und Oberfranken nach Besigheim

---

* Engerau, slowakisch Petržalka, auf dem rechten Donauufer liegender Vorort von Bratislava.
** Nach ihrem Befehlshaber, dem russischen General A. Wlassow (1901-1946) benannte, 1942 gegründete Freiwilligenarmee. Sie rekrutierte sich aus den russischen Kriegsgefangenen und kämpfte an der Seite der deutschen Wehrmacht gegen die Sowjetunion.

kamen, war sie schon an der Knochentuberkulose erkrankt. Ihr Tod im Februar 1949 bedeutete für mich einen viel tieferen Einschnitt als alle die Erlebnisse vorher.
Insgeheim machte ich meinen Eltern, insbesondere meinem Vater, damals den Vorwurf, daß sie durch unkluges politisches Verhalten oder fehlendes Fingerspitzengefühl uns in eine solche Situation gebracht hatten, daß wir die Heimat verlassen mußten, alles verloren war und wir in der Fremde neu anfangen mußten. Wie sie sich hätten anders verhalten sollen, diese Frage habe ich mir natürlich mit meinen zwölf, dreizehn Jahren nicht gestellt. Es waren die Annehmlichkeiten unseres alten Zuhauses, die ich vor allem vermißte. Als wir zum Beispiel in Oberfranken landeten und zu acht Personen in zwei winzigen Zimmern mit Etagenbetten übereinander schliefen und wir Kinder nicht spielen durften, um die Nachbarn nicht zu stören, da habe ich mich natürlich an die Freiheit und Großzügigkeit des Lebens zu Hause mit einiger Wehmut erinnert.
Den Verlust der Heimat im eigentlichen Sinne des Wortes habe ich nicht verspürt. Denn die Heimat, das war für mich unsere große Familie. Wir hatten zwar nicht mehr das Haus und die Dienstboten, aber die Beziehungen unter den Angehörigen der großen Familie sind lebendig geblieben.
Ich glaube, daß es gerade diese Eingebundenheit in die große Sippe war, die sehr viel dazu beitrug, daß bei mir nie das Gefühl aufkommen konnte, von irgendwo rausgeworfen worden zu sein.
Als ich 1950 konfirmiert wurde, hatte meine Mutter die ganze Verwandtschaft eingeladen. Wir waren 94 Personen. Es war das erste Zusammentreffen nach dem Krieg. Und schon wieder gluckten alle zusammen wie in alten Zeiten.
Sicherlich hat die Tatsache, daß ich Geschichte mit Schwerpunkt Osteuropa studierte, mit meiner Biographie zu tun. Ich wollte einfach wissen, welche politischen Ursachen es

waren, die zu der verhängnisvollen Konstellation vor und nach 1938 im östlichen Mitteleuropa führten, welche Rolle hier die slowakische Politik spielte und welche die deutsche Volksgruppe. Ich wollte wissen, wie es möglich war, daß einem solchen Rattenfänger wie Hitler damals so viele unter den Karpatendeutschen, aber auch unter den jungen Slowaken auf den Leim gingen.

Mein Vater hatte mir über seine Schul- und Studienzeit viel erzählt. Ich merkte aber, daß er unsicher wurde, wenn ich ihn nach seiner Haltung und Einstellung während des Zweiten Weltkrieges fragte. Die unbefriedigenden Antworten, die ich bekam, haben natürlich meine Auseinandersetzung mit der unmittelbaren Vergangenheit vorangetrieben. Ursprünglich begann ich Jura zu studieren, merkte aber bald, daß es für mich nicht das richtige war. So hörte ich in anderen Fächern herum und stieß dabei auf die Vorlesungen über die Geschichte des Nationalsozialismus, die damals in Marburg zum erstenmal angeboten wurden. Das hat mich interessiert. Ich belegte sie genauso wie die Geschichte der russischen Revolution, die auch auf der Vorlesungsliste stand, und schon war ich in der Geschichte drin. Im vierten Semester hatte ich dann die Möglichkeit, nach Wien zu gehen. Dort kam die ganze Tradition der k. u. k. Monarchie bis in die tschechischen Namen vieler Kommilitonen richtig auf mich zu. Ich begann mich mit der Geschichte dieses Raumes zu beschäftigen und sah plötzlich die Möglichkeit, mir über viele Dinge selber den Überblick zu verschaffen, ohne auf die subjektiven Auskünfte meines Vaters oder der Onkel und Tanten beziehungsweise der Vertriebenenblättchen angewiesen zu sein. Ich merkte sehr rasch, daß es mir viel bedeutete. Meine eigene Biographie ging hier sozusagen in die Auseinandersetzung mit dem Thema ein.

Aber die Suche nach den Erklärungen dafür, wie es möglich war, daß sich so große Teile der Karpatendeutschen vom

Geist des Nationalsozialismus begeistern ließen, stellt natürlich auch mich selbst vor die beängstigende Frage: Wie hättest du dich in einer ähnlichen Situation verhalten? Denn ich kann ja nicht ausschließen, daß die in dem Grenz- und Auslandsdeutschtum angelegte Anfälligkeit für extremistische Parolen auch bei mir virulent geworden wäre.

Ich bin seit 1945 zweimal in der Zips gewesen und war von ihrer landschaftlichen Schönheit so hingerissen, daß es mir fast den Atem genommen hat. Ich war auch froh, daß ich auf dem kleinen Friedhof in Mühlenbach den alten Grabstein meines Großvaters wiederfand und erfuhr, daß eine Slowakin aus alter Anhänglichkeit an die Familie das Grab betreute. Es ist auch noch weitläufige Verwandtschaft da, aber die Kontakte sind nicht mehr so intensiv, wie sie einmal waren.

Als ich 1963 zum erstenmal in die Zips kam, waren mir Wege, Häuser, landschaftliche Eigenheiten noch unwahrscheinlich vertraut. Als ich 1984 zum zweitenmal hinkam, hatte man durch eine brutale Baupolitik den Einzugsbereich der Städte und Dörfer so verschandelt, daß vieles von dem, was mir vertraut gewesen ist, nicht mehr anzutreffen war. Die Bäche, wo wir früher Krebse und Forellen gefangen hatten, waren kanalisiert; wo einmal Weiden waren, standen heute lieblos ausgeführte Kleinfabriken, die mit ihren Abwässern die Flüsse in Kloaken verwandelten. Aber trotzdem hat die Landschaft in der Hohen Tatra für mich noch sehr viel von der ursprünglichen Schönheit behalten. Und wenn ich die neuen Siedlungen hinter mir ließ und einen ungehinderten Blick auf das Gebirge hatte, wurde in mir schon so etwas wie sentimentale Gefühle lebendig. Ich kann es alles sehen und mich daran erfreuen – und ich kann ohne größere Belastung wieder ins Auto steigen, umdrehen und nach Hause fahren. Denn ich weiß, daß ich dort nicht leben könnte, und wenn ich dort leben müßte, mein Leben nicht so individuell gestalten könnte wie hier. Gleichzeitig empfinde ich aber eine unbeschreibliche Dankbarkeit, daß ich es alles erleben durfte – und überlebt habe.

Ganz selten, vielleicht einmal im Jahr, kommt es noch vor, daß ich im Traum nachvollziehe, was ich in der Kindheit erlebt habe: Zum Beispiel, wie sich ein langer Zug sowjetischer Kriegsgefangener durch unsere Straße schleppt, einer von ihnen zusammensackt und mit einem Genickschuß getötet wird. Aber es sind auch andere Bilder. So habe ich gerade vor drei Wochen geträumt, wie meine Großmutter in der Küche Schaumrollen bäckt. Und ich wachte auf und glaubte, die letzten Krümel und den Geschmack der Vanilleschote noch in meinem Mund zu spüren.

Die Fähigkeit zu trauern...
Der (Sudeten)deutsche, geboren 1952

Meine Großeltern erzählten mir sehr viel über das alte Leben in Karlsbad und auch über die Vertreibung. Es war kein eigenes Erlebnis, Gott sei Dank, muß ich sagen. Meine eigene Entwicklung wurde also von diesen Ereignissen zwar mitgeprägt, aber nicht getragen in dem Sinne, daß es mich auch politisch hätte beeinflussen können. Was mir meine Großeltern vermittelt haben, war das Bild ihrer Kindheit und Jugend, ein sehr harmonisches Bild. Die Vertreibung selbst spielte erstaunlicherweise in diesen Erzählungen keine dominante Rolle. Dieses harmonische Bild von Karlsbad als einer internationalen Stadt habe ich dann wohl auch auf das Zusammenleben von Tschechen und Deutschen übertragen. Ob diese Art der Vermittlung für meine Generation typisch ist, kann ich nicht sagen. Die wenigen, die ich kenne, haben es ähnlich erlebt. Hier liegt das grundsätzliche Problem aller Vertriebenenverbände, daß allein schon das Wort ›Vertriebener‹ für meine Generation nicht mehr zutrifft und daher auch keine Identifikation mit diesem Wort möglich ist; und vor allem mit dem politischen Programm, das hinter diesem Wort steht.

Eine der Folgen davon ist, daß meine Generation in den Verbänden ausgesprochen dünn vertreten ist. Zumeist sind es Menschen, die sich sehr stark mit der Auffassung ihrer Eltern und ihrem Leiden identifizieren und sie weiter tragen, als ob kein Generationswechsel stattgefunden hätte. Ich kenne aber sehr viele Leute in meinem Alter, die mit der Institution der Landsmannschaft oder ähnlichen Verbindungen überhaupt nichts zu tun haben wollen, die sich aber gleichwohl als Sudetendeutsche verstehen. Sie würden sich aber niemals einer Organisation anschließen, würden es vielfach auch deshalb nicht tun, weil sie das Gefühl haben, daß hier im Grunde nur die christlich-sozialen Parteien tonangebend sind und sie sich dann auch politisch anders festlegen müßten. Trotzdem fühlen sie sich aber der ganzen böhmischen Kultur auf eine, wie ich oft erfahren habe, innige Weise verbunden. Das ist ganz eigenartig.

Ich glaube, für diese Generation eröffnet sich die Möglichkeit, sowohl politisch als auch emotional unbelastet sich wieder mit ihrer Geschichte auseinanderzusetzen, sie für sich neu zu entdecken. Das war der ersten und der zweiten Generation durch die Erfahrung der Vertreibung und auch durch die politische Polarisierung in den sechziger Jahren nicht möglich.

Auch diese Polarisierung ist ein Phänomen, das man nicht unterschätzen sollte. Für viele Sudetendeutsche gab es nur zwei Möglichkeiten: Entweder drifteten sie ganz in das rechte Lager ab, oder sie distanzierten sich total von allem, was mit dem Wort »Sudetendeutsch« verbunden war, weil daran der »Ruch des Revanchismus« hing.

Ich habe das Glück, etwas später geboren zu sein. Es war bei mir auch so, daß ich von meinen Eltern, insbesondere von meinem Vater, nie genötigt wurde, in einen Jugendverband der Landsmannschaft oder die Landsmannschaft selbst einzutreten. Obwohl er selber in der Landsmannschaft sehr stark engagiert war, hat er immer akzeptiert, daß ich meinen eigenen Weg gehe. Das rechne ich ihm sehr hoch an. Es gab natürlich harte Diskussionen, aber es gab immer auch gegenseitige Achtung für die eigenständige Entwicklung. Ich glaube, das hat mir auch geholfen, meinen eigenen Weg zu gehen, was zeitweilig eine starke Distanzierung vom Programm der Landsmannschaft bedeutete. Es war vor allem in der Zeit, als das Münchener Abkommen stark diskutiert und über die Rückkehrpläne viel gesprochen wurde. Alles Probleme, die nicht meine Probleme waren, weil für mich das

Münchener Abkommen immer schon ein zu Unrecht zustande gekommenes Abkommen war. Nach wie vor glaube ich, man könnte das sudetendeutsche Anliegen viel besser vertreten, wenn man sich von dem Münchener Abkommen distanzieren würde.
Inzwischen habe ich einen Weg gefunden, mich mit diesen Dingen mehr auf kultureller Ebene auseinanderzusetzen. Die Kultur hat eben den großen Vorteil, daß man im Unterschied zur Politik keine harten Positionen vertreten muß. Es gibt nicht nur das Ja oder das Nein, sondern auch die Möglichkeit, das Klima dazwischen zu gestalten und zu bestimmen. Und darauf kommt es letztlich auch an. Wenn man keine Gespräche herbeiführt, wird man letztlich auch die Positionen nicht verändern können.
Es ist freilich auch die Frage der Generationenfolge. Für diejenigen, die die Vertreibung selbst erlebt haben, ist es unheimlich schwer, sich ganz von den Emotionen loszusagen und einen klaren Blick für die Zusammenhänge zu bekommen. Erst wenn man einen gewissen Abstand hat, kann man die Sache neu aufgreifen. Und das ist sehr wahrscheinlich erst in meiner Generation möglich.
Wenn ich das ganze nun aus der Perspektive eines Menschen sehe, der hier in München geboren ist und sich einfach als Münchener und Bayer fühlt, dann habe ich im Gegensatz zu meinen Freunden, die nur Münchener oder bayerische Vorfahren haben, noch einen zusätzlichen kulturellen Hintergrund.
Ich habe die Möglichkeit, an eine Tradition anzuknüpfen, die auf vielfältige Weise mit der Tradition junger Tschechen und auch junger Juden verbunden ist. Und da sehe ich eine gewisse Chance, die in dem Augenblick virulent wird, wo sich die Ost-West-Beziehungen neu gestalten, wie es zur Zeit zu sein scheint. Jetzt habe ich auf einmal die Möglichkeit, gerade im Kulturellen positiv an diese Tradition anzu-

knüpfen. Positiv heißt für mich, daß ich jetzt nicht etwa in Schuldvorwürfe einsteige und sage, ihr habt meine Eltern vertrieben, ich rede mit euch kein Wort, sondern versuche, auch die Position ihrer Eltern nachzuempfinden. Was haben die Tschechen damals im Herbst 1938 empfunden, im Protektorat, nach dem Tod von Heydrich? Wenn ich so versuche, mich in den anderen hineinzuversetzen, dann kann ein neues Verständnis zwischen uns wachsen. Ich bin mir aber ganz sicher, daß auch junge Tschechen sich in die Situation der Vertriebenen hineinversetzen. Wenn es auf beiden Seiten geschieht, dann könnten wir eigentlich die Menschen sein, die aufgrund der gemeinsamen Tradition aufs neue eine Brücke schlagen. Das wäre für mich eine Perspektive für die Zukunft.
Viele Sudetendeutsche haben immer noch ein ganz eindimensionales Geschichtsbild. Sie beginnen bei der Gründung der Tschechoslowakischen Republik 1918 und der damit verbundenen Verletzung des Selbstbestimmungsrechts der Sudetendeutschen, gehen dann zu den Demonstrationen am 4. März 1919* über und machen dann den Sprung zu der Vertreibung, wo ihnen wieder ein Unrecht geschehen ist. Dann gehen sie über zu der öffentlichen Meinung in der Bundesrepublik heute, wo man sie wieder in die revanchistische Ecke stellt. Es hat aber auch andere Dinge gegeben, die einfach ausgeblendet werden. Man braucht sich nur in der Familiengeschichte oder dem Bekanntenkreis der Eltern umzusehen.
So war zum Beispiel in der Generation meines Großvaters die politische Orientierung der Sudetendeutschen stark sozialdemokratisch. Der Bruder meines Großvaters, sozialdemokratischer Stadtrat in Prag, war zwei Jahre in Dachau ein-

---

* Am 4. März 1919 demonstrierten die Sudetendeutschen gegen die Verletzung ihres Selbstbestimmungsrechts durch den Versailler Vertrag. Der Einsatz des Militärs forderte 54 Tote.

gesperrt. Ein Studienkollege meines Vaters war mit einer Jüdin verheiratet. Alle diese Menschen haben den Anschluß ganz anders erlebt. Es gab 1938 eben nicht nur jubelnde Stimmen. Es gab auch andere, es gab Juden, die sich vielfach als Sudetendeutsche empfunden haben. Es gab die Sozialdemokraten, es gab die Kommunisten, es gab viele Katholiken. Und es gab Behinderte, von denen bisher kaum jemand gesprochen hat, die im Sudetenland ebenso ausgemerzt wurden wie im Reichsgebiet.
Alle diese Gruppen kommen im offiziellen sudetendeutschen Geschichtsverständnis nicht vor. Hier wird viel tabuisiert: einerseits von den Sudetendeutschen, andererseits aber auch von der Öffentlichkeit in der Bundesrepublik, weil daran irgendwie der Geruch der Vertriebenen und ihrer Verbände hängt. Und sicherlich ist dieses einseitige Bild der Sudetendeutschen auch der offiziellen tschechoslowakischen Politik genehm. Man müßte endlich die Heterogenität und Gegensätzlichkeit der geschichtlichen Stränge und persönlichen Erfahrungen wahrnehmen und mit ihrer Gleichzeitigkeit leben lernen.
Ich persönlich halte diese einseitige Geschichtsbetrachtung für einen großen Fehler und glaube, sie ist auch mit ein Grund dafür, warum viele Sudetendeutsche – die ein sehr starkes geistiges und kulturelles Potential mitbringen würden – der Landsmannschaft fernbleiben. Die Landsmannschaft ist somit auch nicht repräsentativ für die ganze Volksgruppe, sondern vertritt nur einen ganz bestimmten Teil von ihr.
Natürlich hat diese einseitige Geschichtsschreibung auch ihre Ursachen. Ich kann mir vorstellen, daß die Sudetendeutschen, voll der eigenen Leidenserfahrung, einfach nicht imstande waren, das Leiden der anderen, zum Beispiel der Juden, zur Kenntnis zu nehmen. Und nun haben viele Sudetendeutsche das Gefühl, daß in dem Versuch, das riesige Unrecht an den Juden von deutscher Seite aus zu verarbeiten,

das Leiden der Deutschen selbst verdrängt wurde. Und das ist für sie kaum zu akzeptieren.
Kein Mensch kann seine eigenen schlimmen Erfahrungen dem Leid des anderen zuliebe vergessen. Nur durch die Auseinandersetzung mit dem eigenen Leiden kann sich der Weg zum Verständnis des Leidens der anderen öffnen. Wenn es nicht möglich ist, wenn man in seinem eigenen Leiden von den anderen nicht akzeptiert wird, bleibt man im Selbstbedauern stecken. Und genau das ist meines Erachtens passiert. Das führt dann auch zu etwas, was man eigentlich nie tun sollte: das eigene Leiden gegen das der anderen aufzurechnen.
Hinzu kommt die öffentliche Meinung, die sich in der Bundesrepublik gegenüber den Sudetendeutschen gebildet hat: Das sind und waren die alten Nazis. Es gibt sicher viele alte Nazis unter ihnen, aber es gibt auch viele, die ganz anders sind und denken. Und denen hat man, glaube ich, zu wenig Chancen gegeben.
Die Etikettierung der Sudetendeutschen als rechts bis revanchistisch gibt es auf der anderen, der tschechischen Seite auch. Man kann sich vorstellen, daß es für die Tschechen unheimlich schwer ist, die Verfehlungen während der Vertreibung einzugestehen. Wenn man die Sudetendeutschen pauschal als Nazis abstempelt, dann braucht man sich mit der Vertreibung und all den Übergriffen nicht auseinanderzusetzen. Dann kann man sie als recht und billig darstellen. Das sind die Verhärtungen, die es auf beiden Seiten gibt. Ich habe mit den Sudetendeutschen aus der älteren Generation oft darüber diskutiert. Gerade wenn man will – und das wollen sie im Grunde alle –, daß von der tschechischen Seite anders reagiert wird, muß man bei sich selbst anfangen, müssen wir Sudetendeutsche bereit sein, uns mit unserer eigenen Geschichte selbstkritisch auseinanderzusetzen. Man muß sich fragen: Was hat man sich zuschulden kommen lassen?

Das ist nicht damit erledigt, daß man sagen kann, man selber oder der Vater war kein Nazi. Man wird einsehen müssen, daß die Volksgruppe zu einem großen Teil Schuld auf sich geladen hat. Dazu muß man stehen, selbstkritisch stehen, das muß man aufgreifen und aufzuarbeiten versuchen. Wenn man es ehrlich tut, gibt man der anderen Seite, den Tschechen, die Möglichkeit, eine ähnliche Haltung einzunehmen. Davon bin ich fest überzeugt. Auf der sudetendeutschen Seite wartet man doch nur darauf, daß von der tschechischen Seite offiziell ein Wort des Bedauerns kommt. Man sehnt sich geradezu danach, und gleichzeitig baut man diese Mauer. In den persönlichen Kontakten sieht das sowieso anders aus. Ich kann mich überhaupt an kein Gespräch mit Tschechen erinnern, egal ob es Exiltschechen oder Leute drüben waren, wo man, natürlich in einem ganz persönlichen Gespräch, nicht das Bedauern über die Vertreibung zum Ausdruck gebracht hätte.

Die Verständigung liegt uns irgendwie allen am Herzen. Vieles von dem, was einst in diesem Raum gelebt wurde, ist sicherlich unwiderruflich vorbei. Aber wenn wir wenigstens im kulturellen Bereich etwas davon fortleben lassen könnten, wäre es eine große Bereicherung, oder umgekehrt: eine große Verarmung, wenn das alles, was hier miteinander geschaffen, gelebt und auch erstritten wurde, aus unserem mitteleuropäischen Kulturbewußtsein verschwinden würde.

Deutsche und Tschechen
Stationen einer schwierigen Beziehung

1804 – Die Auflösung des »Heiligen Römischen Reiches Deutscher Nation« infolge der Napoleonischen Kriege bedeutet auch das Erlöschen der Kurwürde Böhmens. Dieser Schwächung der politischen Bedeutung der Länder böhmischer Krone innerhalb der österreichischen Monarchie sowie den zentralistischen Tendenzen des Staates (schon 1749 wurde die böhmische Hofkanzlei aufgelöst) versucht der böhmische Adel, unterstützt vom Klerus und dem Bildungsbürgertum, durch die Pflege der historischen Tradition des Landes, des Brauchtums und der Landessprache Einhalt zu gebieten. Die Ideen der Romantik stellen den geistigen Hintergrund dieser Bestrebungen dar. Die tschechische Wiedergeburt nimmt ihren Anfang. Der böhmische Landespatriotismus, der sich die Wiederherstellung der alten Würde Böhmens zum Ziel setzt, trägt noch keinen nationalen Stempel. In diesem Geist erfolgt 1818 auch die Gründung des Königlichen Böhmischen Landesmuseums in Prag. In den vierziger Jahren des 19. Jahrhunderts beginnt der Landespatriotismus allmählich an Boden zu verlieren und wird durch das neue Verständnis der Nation als Einheit der Sprache ersetzt. Der Begriff »Böhme« weicht den Begriffen »Deutscher« und »Tscheche«.

1848 – Die Versammlung im Prager Wenzelsbad am 11. März 1848 verabschiedet eine von Tschechen und Deutschen gemeinsam erarbeitete Petition, in der u. a. auch die nationale Gleichberechtigung und die größere politische Selbständigkeit Böhmens verlangt werden. In der revolutionären Bewegung im Frühjahr 1848 erweist sich das junge tschechische Bürgertum als das dynamischere und reformfreudigere Element, was bei den Deutschen Ängste vor ihrer möglichen Unterdrückung weckt. Die nationalen Spannungen werden zum erstenmal sichtbar. »Der Verein der Deutschen in Böhmen, Mähren und Schlesien zur Erhaltung ihrer Nationalität« als Organ des deutschen Bürgertums wird gegründet.
In der Nichtteilnahme an dem Frankfurter Parlament bringen die Tschechen ihre Ablehnung des nationalen deutschen Staates als Fortsetzung des alten Reiches zum Ausdruck. Sie sprechen sich für eine föderalistische Umstrukturierung Österreichs aus.
Das politische Dilemma Mitteleuropas in der Zeit des zunehmenden Nationalismus wird offenkundig: Die westeuropäische Idee des Nationalstaates als Einheit von Staat und Nation läßt sich in den alten Reichsgrenzen nicht verwirklichen: Der Vielvölkerstaat

Österreich steht dem im Wege. Die Bestrebungen um den deutschen Nationalstaat müssen zur Isolation Österreichs, seinem »Ausschluß« aus dem ehemaligen Reich führen. Die Anziehungskraft der Idee des nationalen Staates für die in Österreich lebenden Völker bedroht auf die Dauer gesehen den Fortbestand der K. u. K. Monarchie.

Mit der zunehmenden nationalen Orientierung gewinnt der »Kampf zwischen Tschechen und Deutschen« an Intensität. Infolge der Industrialisierung ziehen viele tschechischen Arbeiter in die bisher ausschließlich von Deutschen besiedelten Grenzgebiete Böhmens. Viele deutsche Städte bekommen eine tschechische Minderheit oder werden ganz tschechisch. Seit 1861 haben die Tschechen die Mehrheit auch im Gemeinderat in Prag. Die Konkurrenz zwischen dem deutschen und dem tschechischen Kapital verstärkt die nationalen Spannungen. Die Deutschen in Böhmen fühlen sich durch den sowohl wirtschaftlichen als auch kulturellen Aufstieg der Tschechen in die Verteidigungsposition gedrängt, obwohl sie andererseits das Staatsvolk darstellen.

1867 – Unter dem Druck der politischen Ereignisse (die Niederlage im Krieg gegen Preußen) gibt die österreichische Regierung den ungarischen Bestrebungen um mehr Selbständigkeit nach: Die Doppelmonarchie Österreich-Ungarn entsteht.

1871 – Die tschechischen Bemühungen um die Trialisierung Österreichs scheitern an dem Widerstand Ungarns und der Deutschböhmen.

Auch die weiteren Bemühungen um den deutsch-tschechischen Ausgleich und die Sprachregelungen, die der tschechischen Mehrheit in Böhmen gerecht sein würden, scheitern und gehen teilweise in Tumulten und nationalen Unruhen unter (1880, 1890, 1901). Die Tschechen fühlen eine zunehmende Diskrepanz zwischen ihrem wirtschaftlichen und kulturellen Potential und ihrer unzureichenden politischen Repräsentanz im Staat, der nach außen hin immer noch ein deutscher Staat ist, obwohl die Mehrheit seiner Bevölkerung keine Deutschen sind. Den Deutschen wiederum fällt es schwer, auf ihre angestammten Privilegien zu verzichten. Die nationalen Kämpfe »regieren« Österreich und drücken ihren Stempel auch allen wirtschaftlichen und kulturellen Aktivitäten im Land auf.

1914 – Ausbruch des Ersten Weltkrieges.

Der tschechische Philosoph und Politiker T. G. Masaryk und andere tschechische Politiker bemühen sich im Ausland um die Wiederherstellung des selbständigen tschechischen Staates.

1918 – Die Niederlage und der Zusammenbruch Österreichs machen die Entstehung der Tschechoslowakischen Republik in den historischen Grenzen des böhmischen Königreiches möglich. Die Slowaken schließen sich den Tschechen an.

Die Deutschböhmen lehnen den neuen Staat ab und verlangen die Gewährung des allen Völkern zugesprochenen Selbstbestimmungsrechtes. Die von Deutschen besiedelten Grenzregionen Böhmens und Mährens suchen den Anschluß an Österreich oder Deutschland.
Die Tschechoslowakei wird in ihrem Bestehen auf den historischen Grenzen von den Siegermächten unterstützt.

1919 – Am 4. März 1919 kommt es bei den Demonstrationen gegen die Verletzung des Selbstbestimmungsrechtes der Deutschen zum Polizeieinsatz; 54 Sudetendeutsche kommen dabei um. Ihrer Bevölkerungsstruktur nach ist die Tschechoslowakei ein Nationalitätenstaat, wie es auch die Monarchie war. Die Bevölkerung des neuen Staates bildeten 46 % Tschechen, 13 % Slowaken, 28 % Deutsche, 8 % Magyaren, 3 % Ukrainer, 1 % Polen und 1 % Juden.* Ihrem Selbstverständnis nach ist die Tschechoslowakei ein Staat von Tschechen und Slowaken. Ihrem Nationalitätencharakter wird der neue Staat nicht gerecht. Die nationale Zugehörigkeit wird als individuelles Recht, nicht als Gruppenrecht, betrachtet, was sich in einer föderalistischen Struktur niederschlagen müßte. Die Deutschen als die größte Minderheit werden zwar nicht direkt unterdrückt, sie können ihr Kultur- und Verbandsleben ungehindert entfalten, sie fühlen sich allerdings durch den tschechischen Charakter des Staates bedrängt. Er bietet ihnen zu wenig Identifikationsmöglichkeiten. Trotz dieser Schwierigkeiten entscheidet sich ein Teil der Deutschen zur Mitarbeit im Parlament und in der Regierung (die sog. »Aktivisten«).

1929 – Die Weltwirtschaftskrise trifft besonders schwer die deutsche Industrie in Nordböhmen. Der Anteil der deutschen Arbeitslosen ist überproportional hoch. Die nationalen Spannungen wachsen.

1933 – Nach Hitlers Machtübernahme wird die Tschechoslowakei zum wichtigen Asylland der deutschen Antifaschisten.
Am 1. 10. 1933 gründet der Ascher Turnlehrer Konrad Henlein die »Sudetendeutsche Heimatfront« als die nationalistische Sammlungsbewegung aller Sudetendeutschen.

1935 – Die in »Sudetendeutsche Partei« umbenannte »Heimatfront« wird anstelle der »Sozialdemokratischen Partei« zur stärksten deutschen Partei.

1937 – Adolf Hitler formuliert seine Lebensraum-Politik, in der die Zerschlagung der Tschechoslowakei eine wichtige Rolle spielt (Geheime Besprechung am 5. 11. 1937). Die Sudetendeutschen werden zum Werkzeug seiner Eroberungspolitik.

* Zit. nach: E. Nittner: Tausend Jahre deutsch-tschechische Nachbarschaft, München 1988, S. 178. (In unterschiedlichen Quellen variieren die Zahlen um 1–7 %)

1938 – Der Anschluß Österreichs verschärft die Lage der Tschechoslowakei. Die Sudetendeutsche Partei stellt immer weitergehende Autonomieforderungen an die tschechoslowakische Regierung. England übt auf die Tschechoslowakei Druck aus, die sudetendeutsche Frage zu lösen. Präsident Beneš fühlt sich zu weitgehenden Autonomiezugeständnissen gezwungen. Sie werden aber nicht mehr akzeptiert. Konrad Henlein verlangt jetzt die Abtretung der deutsch besiedelten Gebiete an das Deutsche Reich. Am 22. 9. 1938 trifft sich der englische Premierminister Chamberlain in Bad Godesberg mit Hitler. Frankreich und England haben sich inzwischen entschlossen, der Abtretung der Grenzgebiete der Tschechoslowakei an das Deutsche Reich zuzustimmen. Die Tschechoslowakei mobilisiert ihre Streitkräfte (23. 9.). Am 29. 9. wird das Münchener Abkommen unterschrieben. Präsident Beneš beugt sich dem Diktat. Die Besetzung der Grenzgebiete beginnt am 30. 9. 1938.

1939 Am 14. März 1939 trennt sich die Slowakei vom Rest des Staates und ruft den unter dem Schutz Hitlers stehenden Slowakischen Staat aus.

Am 15. März besetzt die deutsche Wehrmacht den Rest der Tschechoslowakei. Das Protektorat Böhmen und Mähren entsteht.

Im Zweiten Weltkrieg haben 360 000 Tschechen und Slowaken und 70 000 böhmische Juden ihr Leben gelassen. 200 000 Sudetendeutsche fielen im Krieg; 250 000 wurden direkte oder indirekte Opfer der tschechischen Vergeltungsmaßnahmen nach dem Krieg. Von den etwa 3,4 Millionen Sudetendeutschen wurden 2,9 Millionen in den Jahren 1945–47 zwangsausgesiedelt.

Literaturhinweise

Alfred Bohmann: Das Sudetendeutschtum in Zahlen, München 1959
Johannes Wolfgang Brügel: Tschechen und Deutsche, Bd. 1 1918–1939, München 1967, Bd. 2 1939–1945, München 1974
Emil Franzel: Sudetendeutsche Geschichte, Mannheim 1978
Leopold Grünwald: Sudetendeutscher Widerstand gegen den Nationalsozialismus (Veröffentlichung des Sudetendeutschen Archivs, München Bd. 23), 1986
Rudolf Hilf: Deutsche und Tschechen, Opladen 1986
Jörg K. Hoensch: Geschichte Böhmens, München 1987
Wenzel Jaksch: Europas Weg nach Potsdam, Köln 1967
Ernst Nittner (Hrsg.): Tausend Jahre deutsch-tschechische Nachbarschaft, München 1988 (Institutum Bohemicum)
Friedrich Prinz: Geschichte Böhmens, München 1988
Emanuel Rádl: Der Kampf zwischen Tschechen und Deutschen, Reichenberg 1928
Ferdinand Seibt: Deutschland und die Tschechen, München 1974
Die Vertreibung der deutschen Bevölkerung aus der Tschechoslowakei (Dokumentation der Vertreibung der Deutschen aus Ost-Mitteleuropa Bd. IV 1–2), München 1984. (Unveränderter Nachdruck der Ausgabe von 1957)